THE REASON I JUMP

The Inner Voice of
a Thirteen-Year-Old Boy with Autism

我想飞进天空

[日] 东田直树（Naoki Higashida）——著
张怀强——译

中信出版集团 · CHINACITICPRESS · 北京

图书在版编目（CIP）数据

我想飞进天空 / (日) 东田直树著；张怀强译. --
北京：中信出版社, 2016.4 (2025.5 重印)
书名原文：The Reason I Jump: The Inner Voice
of a Thirteen-Year-Old Boy with Autism
ISBN 978-7-5086-5965-7

Ⅰ. ①我… Ⅱ. ①东…②张… Ⅲ. ①随笔－作品集
－日本－现代Ⅳ. ①I313.65

中国版本图书馆 CIP 数据核字 (2016) 第 041195 号

我想飞进天空

著　者：[日] 东田直树
译　者：张怀强
插　画：张　汉
出版发行：中信出版集团股份有限公司
（北京市朝阳区东三环北路 27 号嘉铭中心　邮编　100020）
承 印 者：北京通州皇家印刷厂

开　本：787mm×1092mm　1/32　　印　张：6.75　　字　数：57 千字
版　次：2016 年 4 月第 1 版　　印　次：2025 年 5 月第 19 次印刷
京权图字：01–2014–6113
书　号：ISBN 978–7–5086–5965–7 / I · 783
定　价：36.00 元

本书赞誉

世界对自闭症这个群体的认识经历了几个阶段：早期（20世纪40~80年代）主要依赖于他人的观察和主观的评判；从20世纪90年代开始，陆续出现的自闭症人士本人的讲述，成为世界认识和了解这一群体的重要信息来源和组成部分。他们的自述是如此的惊人和不容置疑，使得人们对世界都有了不同的理解。

首先，是他们让我们知道人与人的不同是精彩世界的一部分，因此我们没有理由评判谁更“正常”，所有的生命形态都值得尊重和珍惜。我们还认识到，自闭症人士需要有适合他们（各自）的沟通渠道，无论是图片、文字、符号，还是发声、打字或手语……让他们学习并掌握这些沟通工具，创造运用这些工具与这个世界沟通的机会，是我们的使命。

也许有一天，科学的进展会使我们对导致自闭症的因素有更多的认识，但今天自闭症尚不是一种疾病（disease），而是一种障碍（disorder）——如同有人有视觉障碍，有人有听觉障碍，有人有肢体障碍。自闭症人士深陷于沟通障碍之中，他们是有特殊需求群体的一部分，如同盲人、聋人、肢障和智障人士，为他们提供所需要的沟通支援是文明世界的使命，是现代社会的任务。

面对自闭症这个“谜”一般的群体，我们没有资格认为自己是专家，认真地倾听和阅读他们的心声，发现不一样的世界，享受和他们共同的生活，能让我们在生命的领域学到更多的东西。

身为自闭儿的母亲，我 30 岁的儿子杨弢是我生活的老师，我还会继续拜他为师，再有 30 年也未必足够……

——田惠萍

自闭儿家长，北京星星雨教育研究所创始人、理事长

通过壹基金举办的特殊儿童音乐会，我第一次接触并了解到自闭症这个群体。有数据显示，我们国家自闭症儿童数量已经超过 200 万，他们像星星一样孤独地闪烁在另一个世界。在这座柔软的孤岛上，一群可爱的天使们用他们独特的频率向我们发射信号。《我想飞进天空》这本书通过最简单的一问一答形式帮助我们接收他们的信息。不是旁观，不是倾听，不是记录，是带着温暖和理解走向他们。通往他们星球的路上，邀你们一起同行。

——许晴

壹基金明星义工

"东田直树的文字恰如醍醐灌顶，让我不再自怨自艾，而是开始去思考我儿子的生活有多么艰辛，以及我能做什么让他的生活少些艰辛……直树将自己重度自闭症的亲身体验传播给更多的人，这个过程的劳神费力，并不亚于你我双手捧着一捧水穿过人潮拥挤的时代广场。"——大卫·米切尔

"我们甚至无法控制住自己的身体……这就好像我们在远程控制一个失灵的机器人一样……希望你们能一直留意我们——意思就是：'请永远不要放弃我们。'我用了'留意'这个词，是因为你们仅仅是在一旁看着我们，就能让我们更加坚强……对我们而言，最大的折磨就是看到自己为别人带来了这么多的痛苦。我们可以很好地应对自身的困难，但是我们难以忍受自己的存在成了别人的负担……那些整天跟我们待在一起的人，请不要因为我们而感到压力……每个人类个体，无论他或她有没有缺陷，都需要努力拼搏。而且，只有在为幸福奋斗的过程中，你才会找到幸福。"——东田直树

我把书中震撼着我的字字句句分享出来给大家，译者与作者这些短短的细碎的情绪，需要我们持续而长久的爱去解读。

——周迅

壹基金明星义工

这是一本独特、有力量的书。它让我们能够以一名自闭症青年的视角来重新审视这个世界。他身上所体现出来的简单而美好的特质，显得那么与众不同，但其实这些特质也深藏于你我心底，将我们联系在一起。

——**Andy Shih**

美国自闭症之声（*Autism Speaks*）副总裁

两年前，当我们决定发起“敢爱星球”公益行动时，目的很明确：认识、了解、帮助那些和我们生活在同一星球，却只能孤独地活在自我世界的自闭症孩子们。两年来，我们听取了很多建议，其中有专家、家长、媒体人士……获益匪浅，但我一直有个遗憾，一种最为珍贵的声音——来自自闭症孩子的声音缺席了。

所以，当我看到《我想飞进天空》——一个13岁自闭症孩子写的书时，我是很激动的。东田直树是一个没有口语表达能力的孩子，幸运的是他学会了使用文字，让我们有机会走进他的内心，真正了解他是谁、在想什么、怎么想的……

我们总是说：走进自闭症孩子的世界。而唯有让更多人了解他们，直到每个人都了解他们，走进他们的世界才有可能。只有真正走进自闭症孩子的世界，才能提供最切实的帮助，为他们构筑平等、和谐、友爱的“敢爱星球”，这也是英菲尼迪一直“敢·爱”努力的方向。如果你也希望加入其中，那么拿起这本书，就是开始。

——**武佳碧**

东风英菲尼迪总经理

这本书真的很有价值。对了解我的孩子，他为何是这样，他是怎么想的，大有益处。我看过太多关于自闭症的书和材料，就我目前所看到的，这本书是最接近自闭症儿童的内心世界、最真实的。

——蔡春猪

自闭儿家长，著有《爸爸爱喜禾》

这是我读过的最了不起的一本书，真正感动人心，让人眼界大开，描写得无比生动。

——乔恩·斯图尔特（囧司徒）

美国《每日秀》主持人

精彩再加一百万倍。

——乌比·戈德堡

美国著名影星

这本书以充满智慧、美善、亲密和勇气的方式解释自闭症，正是这位了不起的少年每天生活的方式。东田直树带我们一窥“镜子后的世界”，不管是家长、教师、手足、朋友，还是那些所爱之人患有自闭症的人，都应该读东田的叙述。我只希望自己在东田这个年纪的时候，能有这本书为自己辩护。

——蒂姆·佩奇

美国作家、南加州大学新闻系教授

这本书就好比罗塞塔石碑……我得一直提醒自己，作者写这本书的时候只是个 13 岁少年……书中的叙事口吻明快，同时蕴含丰沛的智慧。读这本书大概只需要 90 分钟，读完将会大大拓展你身而为人的眼界。

——英国《泰晤士报》

这是一张难能可贵的地图，引领我们进入重度自闭症儿童的世界。东田直树拥有高明的见解，绝对能让那些有自闭症孩子的家庭再多一点耐心，让我们终于能够看见他们“奇怪”的行为中藏着的美好。

——美国《人物》杂志

轻薄短小但见识卓越……东田直树的自白如此震撼人心而令人动容，让我们得见自闭儿脑中珍贵的面貌。

——美国《Parade》杂志

请不要把这本书当成又一本探讨自闭症的书籍……这本书触动读者的内心，让我们得以直接进入自闭儿的心灵，感受失去时间的束缚是什么感觉，为什么自闭儿需要时时有人提点激励，还有为什么他们很难紧紧握住别人的手。当然，自闭儿表现出的行为有很多种，所以“光谱”的概念才会这么受欢迎，听听这位自闭儿的心声，我们就能了解回荡其中的意义。

——美国《芝加哥论坛报》

这本书绝对值得瞩目……如今大约 88 位孩童中就有 1 位被诊断出有程度不一的自闭症，而自闭儿的家人、朋友、教师都渴求着更多信息。这本书能够启发每一个人，想必会让人一再提起。

——美国《出版人周刊》

我们已经有了既定的想法，相信这些想法大概都能解释自闭儿的行为，然后这本书出现了，推翻了这些所谓的知识。这本书能带我们进入另一个世界。

——英国《每日邮报》

每一页都打破了对于自闭症的预设……只要你知道东田直树如何写出这本书，你也会为他折服。

——英国《新政治家》杂志

太惊人了！这本书建立起一座坚实的桥梁，连结自闭儿的世界与一般人的世界。我有好多问题想问东田直树，但首先我要对他说：谢谢。

——英国《星期日泰晤士报》

这本书让人了解自闭症是怎么一回事……我们都应该记得一件事，东田直树就是活生生的证明：对每一位自闭儿来说，即使他们的外表看起来与人疏离、冷淡，但胸膛内依然跳动着一颗温暖的心。

——英国《金融时报》

透过东田直树充满童心的眼光看自闭症，这本迷人的书引发我们无限想象，就像是一本写给家长、照顾者、教师的指导手册。这本书让我们看见从未见过的自闭儿内心，为读者提供一个可靠的方向，进入几乎不为人知的秘境。

——英国《独立报》

大卫·米切尔夫妇就像几百万个自闭儿的家长一样，不断在寻找答案，但很难有令人满意的回答。最终他们找到了解答，这解答并不是来自某个研究机构，而是一位日本少年东田直树写的书。这本书就像打开了一扇门，通往另一种逻辑的世界，解释了为什么自闭儿会在脸前拍手、突然离开家，或是为什么要跳起来?

——英国《每日电讯报》

这本书太棒了，我不信有谁能够不受感动、不受吸引，不会因这本书而雀跃不已。

——英国《伦敦标准晚报》

不管你有没有养育自闭儿的经验，这本薄薄的书中传达出无比的诚实与真实，都会粉碎你对自闭儿处境的一切幻想、假设以及论调。东田直树说出他想说的实话，让照顾自闭儿的人能够往前迈进，教师也能以新的姿态对待自闭症学生，为自闭儿拓展更多可能性，而不会感到那么孤独。这真是不简单的成就。

——**爱尔兰《都柏林先驱报》**

读这本书有如醍醐灌顶，让人深受感动与揪心。东田直树恳求我们付出耐心与同理心，读过这本书后，很难拒绝他的请求。

——**英国《约克郡邮报》**

东田直树让人一窥他身为自闭儿的内心，只要是努力想了解自闭症的人，都会很感谢有这本书的存在。

——**美国《科克斯书评》**

目录

推荐序

缤纷色彩显出的美丽，是因为它没有将每种色彩分开。

这是国内出版的第一本由自闭症少年讲述自己内心世界的书。直树向我们描述了一个不一样的世界，非常难得。

长久以来，我们一直认为和自闭症人士沟通是件困难的事。不断重复的自言自语，不理睬别人的问话，甚至无法直视对方的眼睛，这些自闭症人士在沟通方面的特征，使我们和他们分隔。沟通障碍是辨别自闭症人士的主要标准之一。

我们欣喜地看到，在社会各界多年的倡导努力下，自闭症为越来越多的人所知。但是，去年，明德研究中心的一项研究显示，尽管多数公众知晓自闭症，但对自闭症的正确认识普遍不高。有些人认为自己性格孤僻，或者宅，可能就是自闭症。我相信这本书可以打消这些朋友的顾虑。

即使对自闭症有一定的正确了解后，我们看待自闭症人士也往往从两个视角出发，优势视角和劣势视角。优势视角是指突出强调自闭症群体的某些天才型特征，即使这些特征并不是普遍存在的，比如钢琴演奏和绘画，比如电影《雨人》中的主人公。劣势视角则是以“不正常”来评价自闭症人士的行为和举动，或歧视，或怜悯。这两种视角都或高或低地定义了自闭症人士，不利于双方的理解和融合。

其实，不仅仅是我们普通人，包括很多和自闭症人士亲密接触的人，例如自闭儿家长、特殊教育老师、校长、同学等都存在种种疑惑，以至于众说纷纭。在自闭症的产生原因和发展原理未被科学解密之前，最苦的是家长们。他们会问：我该去找谁？我该到哪里寻求帮助？我该相信谁？孩子长大了怎么办？老天，为什么遭遇这些的是我？

那么，自闭症人士究竟是怎样思考的呢？他们不一样的言谈举止背后究竟是有意识还是无意识的呢？我们多么想，如果有一个机会，他们可以很清晰地开口，告诉我们他们的感受，真相就会更清晰一些吧。这本书，就给了我们一个这样的机会。直树的案例也许不能代表所有自闭症人士（自闭症谱系障碍覆盖面甚广，两个自闭症人士之间也多有不同），但是，读过这本书后，我们可以知道，自闭症人士的行为不是不正常和毫无根据的，他们发出的声音不是毫无意义的，自闭症人士的思想不是一片空白的。他们懂这个世界。

自闭症人士不是生活在另一个星球的外星人——是的，壹基金这些年也称自闭症孩子是“星星的孩子”，但我们知道他们就在身边。越来越多的人意识到，自闭症是一种广泛性发育障碍，自闭症是人类的存在形式之一。在他们身上，我们能够看到人类共通的人性之美，甚至也许在他们身上可以看得更透彻。我们不需要去追求人人一样，我们只需要去理解他们，从而改变我们对待他们的方式，进而实现人人平等。换句话说，改变我们的认知，改变我们的态度，改变我们的环境，才能提升他们生存的环境。

过往五年，感谢壹家人的支持，我们和很多伙伴一起努力用蓝色为自闭症孩子打造一个包容接纳的世界。通过联合全国各地的民间组织，团结家庭、专家、企业、媒体以及数万名志愿者的力量，竭尽所能缓解自闭症家庭所面临的经济与精神压力，只想让每一个特殊需要孩子都能过上有尊严、无障碍、有品质的生活。在努力的过程中，最后发现改变最大的是参与行动的每一个人，更加理解“接纳”的含义不只是单方的认识与接受，而是双方的理解与尊重。

也许未来，当人们看到周围有自闭症的孩子时，他们也许在原地转圈，或重复做小动作，或喃喃自语，我们可以怎么做呢？可以把声音降低，不要惊吓到他们，因为直树告诉我们，他们对某些感官刺激异常敏感。直树还告诉我们，可以不必一直盯着他们看，也不用上前询问，装作若无其事就好。你的若无其事，能够令自闭症家庭不会感到那么紧张。

当每一个人都做了一点点，不去分开每种色彩，世界才会如此美丽和缤纷。

壹基金秘书长 李劲

2016 年 2 月

导言

本书的作者是一个只有13岁的自闭症儿童。现在，请诸位读者跟随他的脚步，想象一下自己丧失了说话能力时的情形。你现在无法跟别人描述你饿了、累了或是痛了，也不能跟任何朋友诉苦。大家可以进一步设想一下，想象你失去了交流能力，负责你思想的“编辑”没告诉你一声就离开了。很有可能你并不知道这个“思想编辑”的存在，但是他离开以后，你才发现这多么年都是他在掌管着你大脑的正常运转，而现在木已成舟，为时已晚。脑海中的想法、回忆、冲动和思维像决堤的洪水一样，将你淹没，而你却无能为力。本来，你的“思想编辑”控制着整个流程，把大多数无用的内容都删除了，只为你精选一小部分让你思考，但是现在所有庞杂的信息都充塞着你的大脑。

现在，再想象你的大脑是一个房间，里面有20台收音机，都调到不同的频道，聒噪地播放着各种声音。而这些收音机没有开关，也没有音量控制按钮，这个房间里也没有门窗，只有当你筋疲力尽、丧失意识的时候才会有人来解救你。更糟糕的是，另一个到目前为止你都不曾注意到的“编辑”——“感官编辑”，也不打招呼就走了。猛然间，周围环境里的感官刺激源源不断地涌入，似泥沙俱下，难以阻挡。各种颜色和图形在你脑海中游走，吵闹着要引起你的注意。你毛衣上的衣物柔顺剂的味道，现在闻起来就像是对准鼻孔喷洒空气清新剂那样浓烈；原先穿着很舒服的牛仔裤现在好像钢丝球一样扎人；而你的平衡感和本体感[①]好像也失常了，地板就像巨浪中的小船一样，不断地东倒西歪。你似乎无法感觉到手脚的存在了，但你能感觉到各块颅骨、每块面部肌肉和你的

① 本体感指人对自己的运动状态和空间位置的感觉。——编者注

下颚：你的脑袋就像是被困在一个小三号的摩托车头盔里。这也许就可以解释为什么空调的声音在你听起来，就像电钻声一样震耳欲聋，而你的父亲就站在你正前方跟你说话，听起来却像是在一列穿梭在隧道中的火车上给你打电话，而且说的还是流利的外语。你也似乎听不懂自己的母语，抑或是任何一种语言了：从现在起，所有的语言对你来说，都是外语。你甚至无法感知时间。对你来说，一分钟和一小时没有任何差别，你就像是被埋葬在埃米莉·狄更生[①]关于永恒的诗作之中，或被困在时间扭曲的科幻电影之中，无法逃离。不过，诗歌或电影终有结束时，而你却永远被困在现实中。自闭症将会伴随你终生。但是即使是“自闭症”这三个字对你来说也毫无意义可言，因为你根本听不懂英语、希腊语或是泰语中“自闭症”的对应词。

对于常人来说，给自闭症人士注射镇静剂，然后将其隔

① 埃米莉·狄更生（Emily Dickinson，1830—1886），美国传奇诗人，她深锁在盒子里的大量创作诗篇是她留给世人的最大礼物。

离（接下来发生的事情，我们甚至不忍揣测），就算是坚持到了最后，完成了自己的责任。而对于那些生来就患有自闭症的人来说，前文那种未经编辑、过滤，同地狱般可怕的现实就是他们无望的归宿。基因让大多数人一出生就具备的各项能力，即各种“编辑”的能力，需要自闭症人士终其一生来学习、模仿。这是一项智力和精神上的漫长、艰辛而浩大的长征，他们别无选择，只能直面一切。如果这都不能称得上英雄，那我就真的不知道什么人才能称得上英雄了。我们常人对于身体的直觉习以为常，但这对他们来说并非如此。他们需要不断地努力，一点一滴地构筑对于自身和这个世界的认识。这个世界对他们如此严苛，他们还必须在外部的现实世界挣扎求生。在这里，有人随意把“特殊需要”解读成“智障”，把自闭儿的精神崩溃视为乱发脾气，把残障津贴的申请人理所当然地认为是社会福利中的乞丐，甚至用“自闭”来嘲笑英国的外交政策（法国部长勒卢什曾批评英国政策“autistic”①，但是随后表示道歉，说他并不知道这个形

① Autistic：自闭的，患自闭症的。

容词涉嫌歧视。对此，笔者个人并不怀疑）。

对于有自闭儿的父母或看护者来说，这一切也非易事。抚养一个自闭症儿童也不适于那些怯懦的人——实际上，当你脑中开始不停怀疑自己 16 个月大的孩子“有点儿不正常”的时候，怯懦就已经被扼杀在摇篮里了。在诊断当天，一位儿童心理学家把诊断书交到你手上，说着不咸不淡、老生常谈的安慰：你的儿子还是之前的那个小男孩儿啊——虽然这个消息无异于晴天霹雳，改变了你们生活的轨道。接下来你还要应对别人的一系列反应：“啊，真是太糟了！”“什么？他以后就像电影《雨人》里的主人公一样了吗？”“希望你不要被这个所谓的‘诊断’打倒。”还有我最喜欢的一句：“啊，幸亏我让医生打了 MMR 疫苗（麻疹、腮腺炎和风疹的联合疫苗）。”之后，你就开始跟各种组织联系，寻求支持。而跟大多数这种组织打过交道以后，你身上最后那点懦弱也荡然无存了，取而代之的是犀牛皮一样厚的疮痍和愤世嫉俗。虽然有很多富有才华、足智多谋的人工作在支持自闭症人士

和家庭的第一线，但是你经常会发现，政府的政策就好像是创可贴和遮羞布一样，只着眼于当下，却并不旨在激发有特殊需要孩童的潜能，帮助他们长期为社会做出贡献。不过，我们现在已经看到了一丝曙光——当然这还不够，那就是医学界不再像之前那样坚信“冰箱母亲理论”（Refrigerator Mother Theory）①，认为是你妻子的冷漠导致孩子的自闭症了。现在的社会也进步许多，不再谈自闭症而色变了。

下一步要向谁求助呢？书籍（你可能早就开始这一步了，因为急切想要提供帮助的朋友和家人的第一反应就是给你送来各种剪报、网址链接和学术作品，有一些资料甚至跟你的情况风马牛不相及）。不过，这些所谓的关注“特殊需要”的书籍可不是想得那么简单。许多以“如何帮助你的自闭症孩子”为主题的图书都千篇一律，添油加醋，还暗含了许多公司和品牌的软广告。虽然这些书可能包含一些有用的信息，

① 冰箱母亲理论是20世纪50年代出现的词汇，是对自闭症或精神分裂症儿童母亲或父母的一种标签。当时有人发现，自闭症儿童和其父母之间缺乏亲情温暖，便误认为是父母的冷漠导致了疾病的发生。

但是在阅读的过程中，你会发现自己好像是在被传教或被忽悠加入某政治团体似的。

而那些所谓的学术作品越是专业，内容就越是晦涩难懂，越爱交叉引用，越爱说教，里面的缩写也越多。当然，学术界研究这个领域是件好事儿，但是通常情况下，书本上的理论跟你家厨房地板上被折腾得乱糟糟的现实差距太大，且鸿沟之大，难以逾越。

还有一个类型，就是更为剖析内心的回忆录性质的书籍。这类书的作者一般是自闭症儿童家长，在书里描述自闭症对整个家庭的影响，有的时候还顺带说一下非传统治疗带来的积极效果。这种回忆录很受媒体的欢迎，在市场上打着高尚事业的旗号大肆鼓吹，顺便提升了自闭症的形象。不过，我觉得这类书的实际用途不大，而且说句公道话，这类书一开始就不是奔着实用性目标去的。每一个自闭症人士都会有不同的症状——在这方面，自闭症更像是视网膜，人人不同，而不是像麻疹，症状无异[①]——而且非传统方法在一个孩子身上越是有效，在另一个孩子身上就越不可能奏效（就比如说我们家的孩子）。

自闭症书籍中的第四类就是“自闭症人士自传”，作者是泛自闭症障碍[②]者。这其中最著名的就是坦普·葛兰汀[③]写的《形象思维》（*Thinking in Pictures*）一书。当然，这些书通常光芒万丈，能给人很多启发，但是这同时也就注定了这些书的作者都是筛选过的，根本无法在我急需帮助的时候提供必要帮助，比如：为什么我三岁的儿子用头撞地；为什

① 每个人视网膜上的血管结构都不一样，因此可以用来做生物特征识别。

② 自闭症谱系障碍（autism spectrum disorders，简写 ASD；或 autism spectrum conditions，简写 ASC）或泛自闭症障碍，其症状是社交及沟通上的广泛性异常、异常局限性的兴趣、高度重复性的行为。自闭症谱系障碍主要有三类：自闭症、亚斯伯格综合征、待分类的广泛性发展障碍。自闭症在谱系核心位置。亚斯伯格综合征最接近自闭症之处在于症状及相似的成因；而与自闭症不同之处在于语言发展并未出现迟缓。

③ 坦普·葛兰汀（Temple Grandin，1947 年 8 月 29 日—），知名的亚斯伯格综合征患者，畜产学学者、畅销书作家、禽畜动物行为顾问。2010 年，以其为原型的自闭症题材的电影《自闭历程》（*Temple Grandin*）在美国上映。

么他在眼前快速翻动手掌；为什么他的皮肤敏感到无法坐或躺；为什么在《企鹅家族》DVD（数字多功能光盘）因划痕太多无法识别时，他痛苦号叫了45分钟。这些书里面充斥着各种关于这些行为的理论、角度、轶事和猜想，但是我唯一能做的只是站在一边看着他，绝望而无能为力。

直到有一天，我的妻子收到了一本从日本订购的书，书名叫《我想飞进天空》（*The Reason I Jump*）。作者东田直树是一个1992年出生的男生，本书在日本出版的时候他还在上初中。东田的自闭症严重到无法跟人进行口语交流，即使到现在也是如此。不过，多亏了他有一个雄心勃勃的老师和他自己的坚持，他学会了借助"字母格"拼写文字。日本的字母格里有40个基本平假名，正好与通用的QWERTY式电脑键盘（柯蒂键盘，即全键盘）相对应，把这些英文对应字母画到一张纸板上，东田用手指出纸板上的字母，拼出所有的字，然后再由身边的助手进行誊写，以达到交流的目的。就是通过这种方法，才能积字成句、积句成段，最后汇集成书。

在网格周边还有一些“其他符号”，包括数字、标点和“完成”“是”“否”几个字（虽然东田可以直接敲击电脑键盘来写作和发博客，但是他觉得这种低科技纸板字母格反而可以减少干扰，帮助自己专心，提高效率）。在上小学时，这个方法就使他能够与其他人交流，写诗、写故事，而通过他对自闭症儿童行为的解释，我才真正获得了我们一直苦苦等待的答案。东田写作此书的时候还是个孩子，而且和我的儿子一样，自闭症的严重程度和对他生活轨迹的改变都是巨大的。这本书就像是上天送给我们的礼物，让我们参透这一切一切的奥妙，也让我第一次感觉到，我的儿子通过东田的笔触，正在跟我诉说他的内心世界。

而且，这本书不仅仅提供了诸多资讯，也证明了在那具看上去毫无希望的身体内，封存着一颗和众人一样好奇、敏感而复杂的心。在全天无休地照顾他们的过程中，你很容易就忽视了一个事实：你拼尽全力对其无私付出的这个人，在很多方面要比你，或者说肯定会比你更有智谋。随着时光流

逝，“忽视”就变成了“不相信”，而正是信念的缺乏才让看护人和被看护人都容易变得消极。通过展示其敏思和好奇心，分析其所处环境和自身状况，透露其恶作剧般的幽默感和撰写小说的劲头，东田直树的书让我们重塑了信念。当然，我的重点不是说让大家去书中寻找这些美好特质的蛛丝马迹，毕竟这不是评论文学。而是这本书里无时无刻不透露出这样的闪光点，我诚意推荐您去挖掘。

此外，这本书在不经意间就推翻了我们之前对于自闭症所有最黑暗的认知，那就是自闭症人士是一群反社会、不合群、缺乏同理心的人。东田直树在书中再三重申这不是事实——他非常珍视其他人的陪伴。但是由于交流中存在着各种问题，自闭症人士到最后经常会一个人躲到角落里，这时人们看到他或她就会心想：啊哈，果然是典型的自闭症行为。同样，如果自闭症人士真的无视其他人的感情，那么为什么东田会说当他发现别人因为他的自闭症变得焦虑和沮丧的时候，自己也会抓狂呢？他又怎么能写出一篇小说（题目是《我在这儿》，附录在本书后面），里面的人物感情丰富多变，情节催泪感人呢？像所有讲故事的人一样，东田设想到读者的心理，并将读者引导到他想要的方向。结论就是，缺少情绪反应和逃避人群并不是自闭症的症状，而是其结果，是沉重的生理枷锁和公众对于自闭症人士内心世界几近无知的双重因素所导致的。

对我来说，以上这些改变了我的生活，让我的内心安宁了许多。当你知道你的孩子想要跟你说话的时候，当你知道他和你未患自闭症的女儿一样，认真地感知并理解着周遭环境，而不是看上去无动于衷的时候，你就会变得更有耐心、更有决心、更能理解他的苦衷，更愿意跟他交流，这样你也就能更好地帮助他实现自我发展。毫不夸张地说，《我想飞进天空》这本书让我跟我儿子的关系走出了困境。东田直树的文字恰如醍醐灌顶，让我不再自怨自艾，而是开始思考我儿子的生活有多么艰辛，以及我能做什么让他的生活少些艰辛。在父母教育有特殊需要子女的过程中，良性的螺旋式上升是非常有效的：你对孩子的期望值提升了，你应对困境的能力也加强了，而你的孩子也会察觉到并做出反应。我妻子原先将本书翻译成英文版的非正式译本时，是想给我们儿子的其他看护人、老师以及爱尔兰其他地方的自闭症儿童父母提供一份帮助。但是通过在网络上的交流以后，我们发现有一些子女患有自闭症的海外日裔父母也因缺少英文译本而苦恼。我们意识到，可能过去东田直树的读者群非常有限。所以我们就正式翻译了这本《我想飞进天空》，希望介绍给更多的人。

本书的作者并非大师。如果一些问题的答案看上去有点不切题，请不要忘了他写成本书时还只是一个 13 岁的孩子。虽然他提供不了简明、直接的答案——例如“为什么你会这么执着地把玩具都排成一排？”——但是他的答案仍然非常有价值。东田直树笔耕不辍，几乎每天都更新博客，现在已经成为自闭症宣导界的名人了，他还经常登上日本版的《大志》杂志（*The Big Issue*）专访版面。他说自己想成为一名

作家，但是对我来说，他显然已经是一名作家了——一名诚实、谦逊而富有思想的作家，不仅仅战胜了许许多多的困难，而且还将自己重度自闭症的亲身体验传播给更多的人。这个过程的劳神费力，并不亚于你我双手捧着一捧水穿过人潮拥挤的时代广场或皮卡迪利广场[①]。日语中的“自闭症”由三个字组成，分别表示“自我”“封闭”“病症”。在我的脑海中，这三个字转化成了这样一幅景象：一个犯人被关进了一间孤零零的牢狱里，这个被世人遗忘的人，正渴望着某个人，任何一个人，记起他或她仍然在那里。而《我想飞进天空》这本书可以帮助我们拆掉牢狱之墙上的一块砖。

大卫·米切尔

2013年于爱尔兰

---

① 纽约时代广场（Time Square）和伦敦的皮卡迪利广场（Piccadilly Circus）均为两市的地标性地段，以繁华拥挤而著称。

前言

在我很小的时候，我甚至都不知道自己是所谓的“特殊需要儿童”。那么我是怎么发现的呢？从别人的口中，我知道自己跟其他人不同，而且这还是个问题。我的一举一动很难像常人一样，即便是现在，我也仍然无法跟别人“对”话。我可以大声朗读或唱歌，一点问题都没有，但是一旦我试图跟别人说话，我的大脑就似乎变得一片空白。当然，有的时候我也能蹦出几个词语——而即便如此，也跟我想表达的意思差了十万八千里。当别人让我去做某件事的时候，我根本无法做出适当的回应，而且每次一感到紧张，不管地点或场合，我都会立刻逃之夭夭。

所以说，即便是像一个人购物这种简单的事情，对我来说也是个巨大的挑战。

那么为什么我会出现这样的情况呢？在我沮丧、痛苦、无助的那些日子里，我甚至会幻想要是所有人都患有自闭症，将会是怎样的一番场景。如果自闭症仅仅被当成一种性格特征的话，生活对我们来说就会比现在容易很多，快乐很多。当然，许多时候我们都在给别人带来麻烦，但是我们真心希望能够期待一个更为光明的未来。

得益于Hugukumi学校的铃木老师和妈妈对我的训练，我学会了通过书写来与人交流。现在，我甚至可以在电脑上打字了。但问题是，许多自闭症儿童并不知道如何表达自我，而他们的父母甚至都不知道他们在想什么。所以，我希望能以自己的方式来解释自闭症人群的内心，尽我的绵薄之力。我也希望，你在读过此书以后，可以对自闭症人群更加友好，甚至成为他们的朋友。

人不可貌相。而一旦你知道了其他人的内心世界，你们二者之间的距离会拉得更近。在你看来，自闭症人群的世界看上去一定神秘莫测。所以，拜托你拿出一点时间，倾听我想说的话。

在前往我们世界的路上，祝你一路顺风。

东田直树

2006年于日本

はい ○ 取消し X いいえ
Q W E R T Y U I O P
A S D F G H J K L
Z X C V B N M ?
0 1 2 3 4 5 6 7 8 9 10
「 」 ( ) 行 おわり

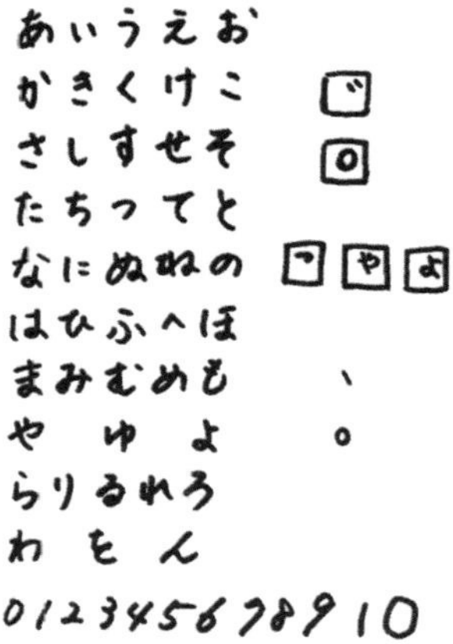
あいうえお
かきくけこ ゛
さしすせそ ゜
たちつてと
なにぬねの ゃ ゅ ょ
はひふへほ
まみむめも 、
や ゆ よ 。
らりるれろ
わ を ん
012345678910

|问题1|

你是怎样写下这些句子的呢?

“字母格”是一种不用说话就可以让我与人交流的方式。你可能会认为，只有语言才能让别人理解自己的观点和意图，但其实还有另外一种方法，无须动用你的声带神经系统就可以表达心中所想。最开始的时候，我觉得这根本不可行。但是现在我已经完全可以只使用一台电脑和一块字母格就表达自我了。

这种感觉真的是棒极了！因为不能说话就意味着不能与人分享你的所思所感，像个木偶一样，一辈子都处在隔离之中，没有梦想，也没有希望。当然，从我开始练习，到最终我可以独立以书面文字的形式与人进行交流，这中间经历了漫长的时间。从妈妈握着我的右手教我写字的第一天起，我获得了一种与别人互动的新方式。

之后，为了让我能更好地独立与人交流，妈妈发明了字母格。有了它，我不用再一个字一个字地写出来，我只需要指向相应的字母就可以了。而且现在我可以先把想说的话保存起来，而不必担心像以前那样，话到嘴边就溜走了。

虽然在学习这个方法的过程中，我经常会有深深的挫败感，但是最后，我终于熟练掌握了这个方法，能够自己指出相应的字母了。我一遍遍地练习，就是想要像一个正常人一样活一辈子，那么最重要的就是能够表达自我。所以对我而言，字母格的意义并不仅仅在于帮我完成句子组合，而在于让别人理解我想要和需要他们理解的想法。

| 问题 2 |

为什么你讲话这么大声且古怪呢?

经常会有人告诉我说，我自言自语的时候，声音其实很大——即便我仍然词不达意，即便我的声音有的时候又太小。其实，这是我无法控制的事情之一，也真的让我很气馁。有时候我也会想，为什么我就矫正不了这个问题呢?

当我“怪声怪气”的时候，其实我并非故意。当然，我必须承认，有的时候我会觉得自己的声音能安慰自己，并且会使用相似的词语或易于表达的词语。但是不由自主发出的怪声却不是这种情况。这种声音会突然蹦出来，不是我有意为之，而更像是一种条件反射。

对什么的条件反射呢?一种情况下是对我看到的事情的条件反射，另一种是对过往记忆的条件反射。而一旦我的“怪声怪气”被触发，就完全没有办法控制了——如果我试图控制，就会像掐住自己的脖子一样，痛苦又憋闷。

如果一个人的话，这些怪声怪调倒也无所谓。但是我知道，这会打扰到其他人。我经常会因为嘴里发出的奇怪音调而羞愧得要死。说句实话，我也想要安安静静老老实实的。但是即使有人命令我们闭上嘴，不能出声，我们也做不到。在我看来，我们的声音就好像呼吸一样，一不注意就从嘴里溜出来了。

| 问题 3 |

你为什么会一遍又一遍地问相同的问题呢？

确实如此，我经常会提出相同的问题。“今天是星期几？”或“明天上学吗？”就这样简单的问题，我也会一遍遍地问。重复这些问题并不是因为我不懂——实际上，当我在问问题的时候，我就懂了。

那我为什么还要一遍遍地问相同的问题呢？因为我会很快忘掉刚刚听到的东西。对我的大脑来说，我刚刚接收的信息跟很久很久之前接收的信息，两者之间并没有太大区别。

所以，我能理解事物，但是我的记忆方式跟别人的记忆方式完全不同。我猜想正常人的记忆是以连点成线的连续方式储存的，而我的记忆却更像是杂乱无章的一堆点。

我会经常“捡起”一个点——也就是通过问问题——这样我才能找出这些点所代表的最初记忆。

我们一直重复问问题还有另外一个原因：我们可以在这一过程中玩文字游戏。我们不善言辞，而且无论怎么努力，也无法像你们一样不费吹灰之力就说出任何词句——除非是我们非常熟稔的字词。重复这些字词乐趣十足，就好像是在玩接球游戏一样。不同于我们被要求说的那些词语，重复我们已经知道答案的问题可以成为一种乐趣——因为文字之声韵，变化多端，其乐无穷。

| 问题 4 |

别人对你提问时，为什么你要重复他的问题？

在很长一段时间内，我都注意到自闭症人士经常会像鹦鹉一样重复问题。我们不但没有回答问题，还会当着别人的面，把他刚刚问的问题重复一遍。曾经我认为这是因为我们不知道怎么回答，但是现在我觉得对这个疑问还有更深的解读。

重复问题其实是一种整理思绪、理解提问人问题的方法，我们能够理解问题，但是要等到我们从脑海中找到正确的“记忆图像”之后，我们才能回答问题。

这其实是一个相当复杂的过程。首先，我得先“扫描”一遍记忆，找到跟眼下问题最相关的信息，然后再回忆当时是怎么说的。如果我足够幸运的话，歪打正着能找到可用经验，则万事大吉；如果不走运的话，我就会陷入最开始的那种无力感，无法回答别人提出的问题。无论我多么努力地去抑制，那些奇怪的声音仍会脱口而出，让我手足无措、心灰意冷，这样恶性循环，说话对我们来说就变得越来越困难。

在“固定模式”的对话中，我们的表现会好一些。不过如果要谈论关于感觉的问题，这些所谓的模式就一点儿都没用了。实际上，如果过于依赖这些模式，我们还会说一些跟自己想法完全相反的事情。我发誓，对我来说，对话绝对是一项艰巨的任务！要让别人明白我说的意思，其困难程度并不亚于说一门外语！

| 问题 5 |

为什么跟你讲了很多遍不要去做某些事情，而你还是会做？

“我都跟你说了多少遍了？！”

我们这些患有自闭症的人经常会听到这句话。我个人也经常会因为“屡教不改”而受到斥责。可能表面上看起来，我们的恶劣行为是故意、淘气而为，但是说实话，我们并没有。当因为没有听别人的话而受到批评的时候，我们会十分难过。但是下一次，我们基本上又会忘了上次的事情，就像是另外一个人在掌控着我们的身体一样，继续由着性子“胆大妄为”了。

你一定会想：“他是不是永远也不会得到教训啊？”我们知道因为我们造成的麻烦，你们很难过，很沮丧。但是我们其实根本控制不了这些事情的发生，这就是事实。而无论如何，请你们不要放弃我们。因为，我们需要你们的帮助。

| 问题 6 |

你会觉得孩童语言更容易理解吗？

虽然自闭儿也在一天天成长和发展，但是却一直被当成孩子。我猜，这可能是因为我们的行为表面上不如实际年龄成熟。但是不论什么时候，如果有人还是把我当成蹒跚学步的孩子的话，会让我很受伤。别人热衷于跟我说孩童语言，不知道是因为他们认为孩童语言能让我更好地理解，还是因为他们认为我更喜欢这样。

当然，我的意思不是让你们跟我们说话的时候，特意选择难度较高的词汇。其实，就按照我们的年龄正常对待我们就行。每一次别人用居高临下的语气跟我说话的时候，我都感觉糟糕极了。这让我觉得，未来的生活还会像现在一样没有任何尊严可言。

真正的慈悲在于推己及人，不去伤害别人的自尊。反正我是这么想的。

|问题 7|

为什么你说话的方式那么奇怪?

有的时候，我们会用一种奇怪的腔调说话，或者通过一种不同的方式来运用语言。非自闭症人士可以一边思考要说什么，一边进行对话。但是对我们来说，我们想要说的词语和我们能说的词语，对应关系并不是那么准确。我猜，这也就是我们的话听起来有些奇怪的原因吧。当我的思维和我的表达出现了差距的时候，只是因为从我嘴里脱口而出的词语是我当下唯一能够抓住的词语。这些词语要么是我经常使用，要么是在过去某个节点给我留下了深刻的印象。

你们有些人可能会想，我们这些人大声朗读的时候也是怪腔怪调。这是因为我们无法同时阅读故事并想象其情节。仅仅是阅读这一件事就让我们大费周章——要挑选出词语并且念出其发音，这个过程本身对我们来说就已经相当难了。

不过，多练习一下还是有用的。所以，即便我们做的事情没有那么完美，也请你们千万不要嘲笑我们。

|问题 8|

为什么你回答问题需要那么长的时间？

正常人的语速其实是很快的，大脑中思考某件事情并表达出来只不过是一瞬间的事情。但是对我们来说，这简直就像魔法一样不可思议！

那么我们的脑回路是不是有问题呢？对于自闭症人士来说，生活一直十分艰难，到现在为止都没有人找出导致自闭症的原因。的确，我们回答其他人的提问需要很长时间。需要这么长时间不是因为我们没有明白问题，而是因为当轮到我们说话的时候，答案经常突然就从我们脑中消失了。

我不知道这样回答，你们能不能明白。这些答案一旦消失，就再也找不回来了。“他刚刚又说了什么？我要怎

么回答他的问题呢？……”我真的不知道！而这个过程中，各种各样更多的问题又开始对我们进行狂轰滥炸。最后我只好想：“真是没救了。”这种感觉就好像我被淹没在文字的洪流中，快要窒息。

| 问题 9 |

我们应该仔细听你说的每个字吗？

从嘴巴里胡乱发出声音跟对话交流不是一回事，对吧？我认为其实很多人没有办法理解这件事。现在大家是不是都普遍认为，一个人只要使用语言来表达，那就肯定是说他所想呢？正是由于这种谬思，自闭症人士的内心世界才变得更加封闭。

我们一些人可以发出声音或吐出单词，并不自动等同于我们所表达的就是我们心中想要表达的。即使是最简单的“是”或“不是”的问题，我们也会出错。在我身上就经常会发生这种事情，结果便是别人误会或误解了我所说的话。

我几乎不能跟人对话，纠正表达中的错漏就更是在我的能力范围之外了。每当出现这种情况的时候，我就会痛恨自己一无是处，然后再也不肯开口说话了。请不要认为我们说的每个字都是我们想要表达的意思。这其实让我们之间的沟通变得更困难。我知道——我们甚至连手势都做不了——但是我们却非常渴望你们能够理解我们内心的所思所想。而且，基本上你们有的情感，我们也都有。所以，在交流之中还需要你们付出更多耐心和细心。

|问题 10|

你为什么不能正常对话?

在很长一段时间内，我都在纳闷为什么我们这些人不能恰当地与别人进行一番对话。而我心里想说的话也从来都无法正确表达出来。反之，我嘴里经常会冒出一些毫无关联的废话。以前这会让我心情十分低落，我甚至忍不住去嫉妒那些说话不费力的人。你们大家有的感情，我们也都有，只不过是找不到表达的方法而已。

我们甚至无法控制住自己的身体。按照别人的要求不动或动一动都是十分艰难的——这就好像我们在远程控制一个失灵的机器人一样。我们经常会受到斥责，而我们却连申辩都做不到。所以，我以前常常会有一种被世界抛弃了的感觉。

请你们不要只从外在来评判我们。我不知道为什么我们无法恰当地与别人进行对话，但是肯定不是因为我们不想说，而是因为我们说不了，我们也时常为此感到内心煎熬。如果仅靠我们自己的话，根本解决不了这个问题。甚至有一段时间，我会想为什么不能说话的我要降临在这个世界上。但是开始与人进行书面交流以后，我现在完全可以通过字母格和一台电脑来表达我自己。能与别人分享我的内心世界也让我理解，我也是生活在这个世界上的活生生的、有血有肉的一个人。

你能想象如果自己不能说话，生活会变成什么样子吗？

漏掉的词语之谜

我们这些自闭儿无法把话说全，而漏掉的那些词语就会给我们招来各种麻烦。我给你们举的这个例子里，三个朋友正在谈论他们患有自闭症的一位同学：

“嘿，她刚刚说‘大家’！”

“所以……意思就是说她想要跟大家一起咯？”

“不知道。也可能是她想要知道大家是不是都参加。”

实际上，这位自闭症女孩所说的“大家”来自老师稍早时候讲的：“明天大家都去公园。”这位女孩想要知道他们什么时候去。她想通过重复她唯一能使用的词语“大家”来得到答案。从这里你就可以看出我们漏掉的词语会让你们的想法跑偏，而进行各种徒劳无益的揣测。

说实话，我们这些自闭儿使用的语言还真是神秘莫测啊！

|问题 11|

为什么你说话的时候不跟别人进行眼神交流?

确实，我们不太会跟别人进行眼神接触。“跟别人说话的时候，要礼貌地看着别人的眼睛。”虽然被教育了一遍又一遍，我仍然做不到这一点。对我来说，跟交谈对象进行眼神交流感觉有点不自在，所以我倾向于避免眼神接触。

那么我到底在看什么呢？你可能会猜，要么往下看，要么盯着对方背景看。你错了。我们在“看”的其实是对方的声音。声音虽然看不见，但是我们会尝试动用所有感官，揣摩对方在说些什么。当我们把注意力全部放在理解对方意思上的时候，我们的视线就会在某种程度上涣散。如果你看的东西看不见摸不着的话，看上去就好像是什么都没有在看。

在很长一段时间内，让我很困扰的是人们固有的想法，那就是只要他们跟我们说话的时候我们进行了眼神交流，那就意味着我们领会了他们所说的每一个词。哈哈！要是这样就能行的话，我的自闭症早就被治好了吧。

|问题 12|

你好像不喜欢跟人握手?

其实不是我们不喜欢跟人握手，而是当我们恰巧看到了一件有意思的事情时，就会忍不住松开握住的手冲出去。我甚至都没有意识到自己已经松开手了，直到我听到别人说：“呃，好像他不想要跟我握手。”

以前这会让我很沮丧。但是因为我无法向对方解释为什么要撒开他或她的手，而且我发现自己也很难长时间握手，所以别人误解不误解的，我也就没有什么办法了。

实际上这不是我要跟谁握手的问题，甚至也不是握手这件事情本身，而是自闭儿看到有趣的事情后，哪怕只有一丁点儿趣味的事情，都会立即跑过去——这才是我们需要解决的问题。

| 问题 13 |

你更喜欢一个人待着吗?

“啊，不用担心他。他更希望自己一个人待着。”

我们听过这句话多少次了？我不相信任何一个来到这个世界上的人是希望自己孤零零的。对于自闭症人群来说，我们会因为给你们带来麻烦，或让你们烦心而感到焦虑。这也就是我们很难待在别人身边的原因，也是我们最后会落得形单影只的原因。

说实话，我们希望能跟别人待在一起。但是因为事情的进展从来都不会很顺利，所以我们慢慢就适应了独处，甚至自己都没有意识到这个过程。每当我不小心听到别人评论我多么喜欢一个人待着的时候，我就会觉得内心极为孤单，这就好像别人故意冷落我们一样。

|问题 14|

为什么我们在跟你说话的时候，你都不理不睬?

如果有人在距离较远的地方跟我说话，我不会注意到。你们可能会想“彼此彼此，大家都是这样”。但其实对我来说，头疼的是即便有人正好站在我面前跟我说话，我依然无法注意到。

“没注意到”并不等同于“不理不睬”，但是经常会有人先入为主，认为我一定很傲慢或“脑子慢”。我身边的人经常会说一些引导语，让我知道有人在跟我说话，比如“东田，跟别人也说‘你好’”或“你说呢”。所以在这种情况下，我就会像只学话的八哥一样重复别人教我的话。其实，对于那位刚刚跟我说过话的人，我心怀愧疚，但我却连道歉的话都说不出。每次想到自己连正常的人与人之间的关系都处理不好，我的心里就备感痛苦和羞愧。

眺望远山的人根本就注意不到眼前蒲公英的美丽，而同理，只关注眼前蒲公英的人也无法欣赏远山的巍峨。对我们来说，大家的声音就有点类似这种情况。我们很难通过别人的声音去判断有人正站在那里跟我们说话。

所以，你们在跟我们说话之前，最好能先叫一下我们的名字，引起我们的注意，这会帮我们一个大忙。

|问题 15|

为什么你的表情那么有限?

我们的表情之所以看上去很有限，只是因为你们的思维方式与我们不同。别人在大笑的时候，我却不能一同大笑，这件事困扰了我相当长一段时间。据我的猜测，患有自闭症的人对“有趣”或“好笑”的认知跟你们有所不同。更重要的是，我们每天都有一大堆难题要解决，有的时候绝望到根本笑不出来。此外，如果我们感到惊讶、紧张或难堪的时候，我们就会僵住，根本无法表露任何的情绪。

批评、挑衅、戏弄或让人们出丑，并不会让我们大笑。能让我们从心底自发流露出笑容的是看到美好的事物，或者想起之前某件好笑的事。这一般都发生在我们自己待着的时候。晚上，我们一个人的时候就可能在被窝里突然放声大笑，或者在一间空屋子里也会狂笑起来……当我们不

需要去考虑其他人或其他事的时候，我们就会做回真我，
表露出最真实的表情。

|问题 16|

你真的很讨厌别人碰你吗?

就我个人而言，身体接触没有任何问题。但是当然，一些患有自闭症的人无法忍受拥抱或抚摸的行为。说实话，我也不知道为什么。我猜可能这会让他们感到不舒服。即使让我们根据季节来调整穿着——冬天多穿点，夏天少穿点，对于那些有接触类问题的人来说都是一件大事。按情况变化做出相应行为对我们来说其实是很难的。

通常，对于我们来说，被别人触碰就意味着自己都控制不了的身体却掌握在别人手中，就好像我们失去了自我一样，想想都可怕。

同时，我们也担心被触碰了以后，我们的想法就会被别人察觉。如果真这样的话，估计另一个人会真的开始担心我们了。现在你们明白了吧？我们在身边设置了障碍，就是为了让别人不要进入我们的内心。

|问题 17|

为什么你跟别人挥手再见的时候，掌心朝着自己？

在我很小的时候，有人让我“挥手说再见”的时候我会掌心朝着自己挥挥手。那时我觉得简单的体操动作和跳舞难于上青天。原因就在于，对自闭症人群来说，模仿动作其实是很难的。因为我们对身体各个部分了解不够，所以为了更好地模仿动作，就需要先移动眼睛可以看得到的部分。

当别人跟我说我挥手再见的手势弄反了的时候，我一直不明所以，直到有一天我从一面全身镜里看见了自己的样子，我才恍然大悟——我其实一直在跟自己挥手再见！

龟兔赛跑新传

“我跑得比你们都要快！”兔子边跳边说。

“但是我们很久之前比过赛，而且我赢了。”乌龟有些骄横地说，“我才是最快的。”

而其他动物却一点儿都不感兴趣。“啊，谁在乎啊？”

但是兔子坚持要再比一次，乌龟磨不过他，只好再次站到了起跑线上。

龟兔赛跑又要开锣啦！

“预备，跑！”

兔子像离弦的箭一样飞了出去。

乌龟却脚下一滑，翻了过去。其他动物看到了，纷纷跑过来询问他的情况。“好可怜啊你，感觉还好吗？最好还是回家休息一下吧。”

所以他们就背着乌龟回了他的家。

兔子到达了终点线。

可是只有他一个人孤零零地等在那里。

| 问题 18 |

当你情绪高涨的时候，大脑里想的是什么？

有的时候，自闭症人士会突然放声大笑个不停，或者不知什么原因就自得其乐。你们可能会想：他到底怎么了？

通常在这种情况下，我们正在进行幻想。其实也不能算幻想，只是我们的脑海中会突然浮现出一些画面和场景。可能是一些能让我们开怀大笑的回忆，也可能是我们以前读到的某本书中的一页内容。

你们可能很难理解。不过你们记起搞笑的事情时，也会忍不住笑出来对吧？就把我们的“情绪高涨”看成是这个场景的加强版就行了。

|问题 19|

你有什么样的回忆重现呢？

我们会记住过去做过的事情，诸如时间、地点、和谁一起之类的事情。但是这些记忆都是呈散射状的，无法按照正确的顺序连接起来。这种分散状的记忆有个问题，那就是会在我脑海中回放，就好像我刚刚做过这件事情一样。出现这种情况时，我曾经感受到的情绪会像一股飓风一样重新将我席卷，也就是所谓的回忆重现了。

我知道我有很多美好的回忆，但是回忆重现的总是那些很糟糕的事情。所以我会突然变得十分沮丧，热泪盈眶或感到惊慌。虽然事情过去了那么久，但是我当时感受到的无助感仍然会满溢出来，无法控制。

所以一旦出现这种情况，就让我们放声大哭一下就好，之后我们就会平静下来。可能我们的吵闹会让你有点儿紧张，但是请试着理解一下我们正在经历的内心挣扎，待在我们身边，陪着我们。

|问题 20|

为什么你会因为一点小错就小题大做呢?

当我看到自己犯了错以后，我的意识就会立即封闭起来。我会大哭大喊，吵吵闹闹，但是就是不能理顺头绪思考其他的事情。无论错误有多微小，对我来说都很重大——就好像天地被翻转一样重大。举个例子，往杯子里面倒水时我会要求自己一滴也不能洒出来。

可能你很难理解为什么这种事会让我这么不开心，甚至我自己也知道这不是什么大事。但是对我来说，控制情绪是一件不可能的事情。一旦我犯了一个错，犯错这件事本身就会像海啸般向我袭来。然后就像海啸摧毁房屋和树木一样，我也被这种情绪摧毁了。有那么一瞬，我被淹没了，不知该如何做出反应。我唯一知道的就是自己必须尽快脱离这种困境，避免溺水。为了逃脱，我会做出任何行为，哭闹、喊叫，或是乱扔东西，甚至是动手打人……

最后的最后，我会平静下来，恢复正常。但我看不到海啸袭击的迹象，只看到各种留下的“废墟”。此情此景，会让我恨极了自己。我就是讨厌自己这副样子。

|问题 21|

为什么别人告诉你的事情，你不立即去做？

有的时候，即便是我想做和必须要做的事情，我也做不了，这并不意味着我不想做，我就是没有办法协调身体各部分。即便是做一项很简单的工作，我也不能像你们那样流畅地进行。下面就是我做事情时候的流程：

（1）我要思考一下自己做的事情；

（2）想象一下自己怎么做；

（3）鼓励自己放手去做。

我做事情的流畅度取决于这个过程进展的流畅程度。

还有一些时候，尽管我非常急切地想要去做一些事情，但是仍然无法付诸行动。因为这个时候，我的身体已经完全不受自己的控制了。我并没有生病或是出现其他状况，就是感觉除了我的灵魂，整个身体都不是自己的，一点儿都控制不了。这种痛苦和苦恼，是你们常人根本无法想象和体会的。

单看自闭症人士外表的话，你们无法分辨我们和平常人有什么不同。但是我们的身体从来都是状况百出，不受控制，让我们觉得并不拥有自己的身体。我们被封存在身体里面的内心，一直努力挣扎着想要指挥肢体按意识行动。

|问题 22|

你会不会很反感别人让你做一些事？

我们这些自闭儿希望你们能一直留意我们——意思就是：“请永远不要放弃我们。”我用了“留意”这个词，是因为你们仅仅是在一旁看着我们，就能让我们更加坚强。

仅仅通过我们的反应来判断，很难分辨出我们是否理解了你们的话。而且很多时候，不论你们给我们展示了多少遍，我们还是学不会怎么做。

我们就是这样的人。单凭我们自己，根本不知道怎么像你们那样把事情完成。但是，像其他人一样，我们希望尽可能地把事情做到最好。当我们感觉到你们已经放弃我们的时候，我们的内心就会十分痛苦。所以，请继续帮助我们，帮助我们一直走到最后。

|问题 23|

患有自闭症最糟糕的事情是什么？

你们永远不会注意到。真的，你们不知道我们的处境有多么痛苦。那些照顾我们的人可能会说："照顾这些孩子真的很累啊，你知道的！"但是，对于我们这些一直麻烦不断，而且几乎对什么事情都无能为力的人来说，你们甚至都想象不出我们的内心是多么痛苦和难过。

每当我们做错事的时候，我们就会被斥责或被嘲笑，而我们却连道歉都做不到，最后只能憎恶自己，对生活感到绝望，不断地陷入恶性循环。我们有的时候也会想，为什么要生而为人，来到这个世界上苦苦挣扎。

我请求你们，那些整天跟我们待在一起的人，不要因为我们而感到有压力。当你们有压力的时候，我们会觉得你们在否定我们人生中可能的所有价值——而这也掐断了我们继续迎难而上的念头。对我们而言，最大的折磨就是看到自己为别人带来了这么多的痛苦。我们可以很好地应对自身的困难，但是我们难以忍受自己的存在成了别人的负担。

|问题 24|

你希望自己成为“正常人”吗?

如果有某种方法可以让我们“正常”起来，我们会怎么做呢？我猜我们身边的人——我们的父母和老师——一定会高兴坏了，大喊：“谢天谢地！现在就把他们变回正常人吧！”其实，在很长很长的一段时间内，我自己也渴望做个正常人。生活里有源源不断的“特殊需要”，实在让人郁闷。我以前还想，要是我能像个正常人一样过一辈子的话，真是上天最大的恩赐了。

但是现在，即便有人研制出某种治疗自闭症的药物，我也可能会选择继续保持现在的样子。是什么改变了我的想法呢？

简单说来，就是我已经认识到，每个人类个体，无论他或她有没有缺陷，都需要努力拼搏。而且，只有在为幸福奋斗的过程中，你才会找到幸福。对我们来说，患有自闭症是常态——所以我们都不知道你们的“正常”是什么样子的。而只要我们学着去爱我们自己，不论是正常还是患有自闭症，在我看来就都无关紧要了。

地球人和自闭儿

我跟家人乘飞机去北海道旅游。这是这么多年来，我第一次坐飞机，所以当身体感受到重力牵引力时，又吃惊又开心。其实，在我很小的时候，我曾经坐过一次飞机，只不过我忘了。无论如何，我写了这篇很短的故事，跟你们分享……

很久很久以前，在一个小小的绿色的安静星球上：

自闭儿：嗯——欢迎来到我的星球。

地球人：你不觉得自己身子沉吗？就好像我的胳膊和腿上都绑了哑铃一样。

自闭儿：啊，但是在你们的星球上，我经常感觉自己就像失重一样，游来游去。

地球人：好吧，现在我体会到你的感受了。真的。

要是真的有这么一个星球，上面的重力刚好能中和我们身上的“漂浮感”的话，我们肯定就能自由移动，来去自如了。

|问题 25|

你为什么要跳起来呢?

当我跳上跳下、不停拍手的时候，你觉得我心里在想什么呢？我猜你会想，在我发疯般的傻笑背后，其实没什么心理活动，对吧？

但其时当我在跳起来的时候，我的心情也会跟着一飞冲天。确实是这样的，我特别想跳进天空的怀抱。这股冲动甚至让我的心脏激动得都要颤起来。当我跳起来的时候，我觉得自己身体的各个部分都好起来了——无论是我弹跳的腿，还是我拍着的手——这真的让我感觉棒极了。

所以，这就是我总爱跳来跳去的原因之一，而最近我还发现了另一个原因，自闭症人士在感到开心或难过的时候，都会通过肢体表现出来。所以，当某件事情发生并影响到我的情绪以后，我的身体就会像被闪电击中一样失灵，不受控制。

我说的“失灵”不是指身上的肌肉会变得僵硬，动弹不了——而是指我无法按照自己的意愿去活动。所以通过跳上跳下，我就好像可以把束缚我身体的绳索抖掉一样。当我跳起来的时候，我会感觉身体轻盈了许多，好像自己被一种无形的力量向上吸引。这让我想要变成一只小鸟，飞向某个遥远的地方。

但是受到自身和周围人的限制，我们能做的也只能是啾鸣两声，扑扇一下翅膀，在笼子里跳来跳去。啊，要是我能拍拍翅膀，一飞冲天就好了。我要飞进那浩瀚无边的蓝天里，越过山头，一直飞向远方！

|问题 26|

为什么你会比画一些单字呢？

自闭儿经常会比画一些单字。我猜你们一定会想："你是想告诉我们什么吗？"抑或是"你在想什么吗？"就我个人而言，我比画这些就是为了确认我要记住的东西。我会一边写，一边回忆我的所见所闻——但是不是回忆场景，而是回忆单字、标记和符号。单字、标记和符号是我最亲密的朋友，因为它们永远都不会改变。在我的记忆里，它们会一直是原先的样子。而当我们孤单或开心时，不同于你们会哼着小曲儿，我们会把字母召唤出来。当我把它们一个个写出来的时候，我就可以忘却其他事情。跟它们待在一起的时候，我就不会感到孤单。对我们来说，比起说话，单字和符号更容易掌握，而且可以在我们需要的时候，待在我们身边。

|问题 27|

为什么自闭儿经常会捂住耳朵?

常常你们注意不到的一些噪声，却会让我们很心烦。你们根本不明白这些噪声会怎样影响到我们。倒不是说这些噪声会刺激我们，而是会让我们害怕，持续听这些噪声会让我们失去方位感，不知道自己身处何处。在这种时候，我们感觉地动山摇，周围的风景开始向我们逼近，这种感觉真是太可怕了。所以捂住耳朵是我们保护自己的方式，让我们重新获得方位感，明确自己所处的位置。

让自闭儿心烦的噪声因人而异。我不知道除了捂住耳朵外还能怎么办。我有时候也会捂住耳朵，不过我会慢慢熟悉那些噪声，双手的力道也就慢慢减轻。我猜测有的人会慢慢熟悉这些噪声，从而克服这个困难。最重要的是，即便噪声大作，我们也会通过一次次的适应学会安稳情绪和内心。

|问题 28|

为什么你的四肢摆动起来那么笨拙呢?

在体育课上,老师会让我做一些动作,例如“伸展胳膊”或“弯曲膝盖”,但我却无法准确知道四肢都在忙些什么。对我来说,我甚至无法清楚分辨四肢的分布方位,或怎么让它们按照我的想法去运动,就像是美人鱼身上的尾巴一样,充满了无力感。

我认为,许多自闭儿会借助别人的手去拿某个物体的原因是,他们无法分辨双臂需要伸展多长才能够到物品。他们也不知道怎么才能实实在在抓住物品,因为我们在预计和测量距离方面仍有困难。不过,通过不停的练习,我们应该可以克服这个困难。

另外,我甚至感觉不到自己是否踩到了别人的脚,或是否把别人推搡到一边去了。所以，掌管着我的触感的那部分肯定也有点儿问题。

|问题 29|

为什么你会做一些其他人不会做的事情？是不是你的感官在一定程度上跟我们的有所不同呢？

“为什么你不穿鞋呢？”“为什么你只穿了半只袖子？”“为什么你要一直剃掉或拔掉毛发呢？难道不会痛吗？”每次我们做一些其他人不会做的事情的时候，你们一定会特别好奇为什么吧。是不是自闭症人士的感官异于常人呢？抑或是，这些行为会让我们自己特别爽呢？

在我看来，这两个回答都不对。真实原因是我们如果不这么做的话，就会陷入完全的疯狂状态。如果你说一个人的感官“异于常人”，其实潜台词就是说这个人的神经系统有点儿不正常。但是我觉得像我们这种情况，我们的神经系统并没有什么问题。相反，是我们的情绪引发了不正常的反应。任何人处于不良境地的时候，都会想要逃离出来，这才是唯一正常的反应。而我每次绝望慌张的时候，就会误读各种感官发给大脑的信息。如果我所有的注意力都集中到我身体的某一部分的话，那么我身体的力量也好像集中在了那一部分，而此时我的各种感官就都会做出反应，认为那里发生了不好的事情。

如果是某个非自闭症人士正在经历一段艰难时期的话，他或她可以跟某个人谈谈心，或者大肆吵闹一番。但是对我们来说，这是根本不可能的——我们没法让别人理解我们。即便在我们十分恐慌的时候，人们要么不能了解我们的内心世界，要么直接告诉我们不要再哭闹了。我想，可能是我们感受到的绝望无处发泄，只能占据我们的全部身体，进而让我们的感官越发困惑。

|问题 30|

你对疼痛为什么要么太敏感，要么一点儿不敏感？

在一些自闭症人群中，即便按道理来说一点儿都不疼，但有一些人会在理发或剪指甲的时候大呼小叫；而还有一些人即便在受伤或应该喊疼的时候也毫无感觉。

我不认为这跟神经或神经末梢有什么关系。这其实更像是“内心疼痛”通过身体自我表达的一种体现。当回忆突然袭来的时候，人们会出现记忆闪回——而对自闭症人群来说，记忆并不是以明确的顺序来存储的。对于那些会因为理发、剪指甲就心烦意乱的人来说，可能这些动作跟他们的负面记忆有联系。

一个正常人可能会说：“哦，从小时候起，他就一直不喜欢别人给他理发或剪指甲。我们也搞不懂是为什么。”

但问题是，自闭症人士的记忆不像是记数法，想想起什么就想起什么，而更像是一个七巧板，只要有一块放错了位置，就没有办法完成整个拼图。更重要的是，如果出现了一块本不应该出现的记忆，就会把周边的记忆全部打乱。所以，不一定是因为生理上的疼痛才让我们哭——很有可能是因为过去的记忆让我们哭闹。

至于那些没有表露出疼痛表情的人，我猜他们可能没有办法表现出来。对我们来说，表达感情的难度不亚于你们把头扭转 180 度的难度。所以，假装疼痛已经消失要比展露情绪、让别人知道我们的痛苦容易得多。

常人只觉得我们事事要依赖别人，没了持续不断的支持就活不下去。但是其实有的时候我们也可以是那种坚韧不屈的英雄人物。

|问题31|

为什么你这么挑食?

一些自闭症人士会坚持吃几种有限的食物。我本人没有这个问题，但是在一定程度上，我也能理解这种“毛病”是怎么来的。一般人都是一日三餐，而对于一些人来说，每次吃不同的食物却很让人头痛。每种食物都有其独特的色、香、味、形，通常情况下，这些区别会让饮食成为一种乐趣。但是对一些自闭症人士来说，那些他们观念里已经接受的食物才有味道，其他的食材尝起来可能就跟小孩子“过家家”时用到的玩具食物一样，味同嚼蜡吧。

那么为什么这些人对新食物会有这般反应呢？你们可以说“因为他们的味觉都乱套了”。但是你们是不是也可以说，他们只是需要比常人更多的时间来欣赏未知的食物呢？虽然他们只愿意吃自己喜欢吃的东西，但在我看来，吃饭并不仅仅是为了营养——吃饭也是为了寻找生活的乐趣。显然，吃饭是为了生存，那些挑食的人也应该听人劝说，慢慢地尝试不同的食物。当然，这只是我的个人观点。

|问题32|

当你看一件东西的时候，你首先看到的是什么？

自闭症人士是怎么看待这个世界的呢？我们，而且也只有我们，才知道怎么回答这个问题！有的时候我也会可怜你们，因为你们无法像我们一样看到这个世界的美丽。我们眼中的世界不可思议，美不胜收……

你可能会回答：“但是我们都用眼睛看东西，工作原理不是都一样吗，对吧？”说的没错，你们可能跟我们看到完全相同的事物，但是我们理解这些事物的方式却是明显不同的。当你们看一个物体的时候，好像你们会先看到事物整体，之后才会看到其细节。但是对自闭症人士来说，先映入我们眼帘的就是各种细节，然后慢慢地一个细节接着一个细节，整个物体的形象才开始聚焦，清晰浮现出来。整个物体的哪个部分先抓住我们的眼球，取决于很多因素。

当它的颜色很鲜艳或形状很吸引人的时候，这方面的细节就会先吸引我们的注意力，之后我们的心思就会全部聚焦在上面，无法再关注其他事情了。

每个事物都有其独特的美。我们会把这些美当成是上天对我们的恩赐而珍爱它们。无论我们去哪里，无论我们做什么，我们也不会感到一丝孤单。可能表面上看起来我们身边没有别人，但是我们内心一直有朋友的陪伴。

|问题 33|

选择合适的衣服，对你来说是不是很难？

根据天气冷热来挑选适当的衣服，或者加减衣物对我来说都有些困难。实际上，一些自闭症人士一年到头只穿一种衣服。这又是为什么呢？根据需要增减衣服有什么难的呢？

这可难倒我了。可能外面骄阳似火，我们也知道热得要死，但是对自闭症人士来说就是想不到脱掉一件衣服会是个好主意。并不是我们不懂得其中的逻辑，而是我们忘记了，忘记我们穿了什么衣服，以及怎么才能给自己降温。

当然，至少我可以用手帕擦掉脸上的汗——现在我已经习惯这么做了——但是调整衣物却是一个更高难度的要求，因为外在情况总是在变化。所以我很能理解那些选择天天穿着同一身衣服的人。衣服就像是我们身体的一种延伸，是最外面的一层皮肤，那些每天穿着同样衣服的人会觉得这样很安心。我们觉得自己有必要采取一切行动来保护自己，免受不确定性事件的侵扰，而穿着我们喜欢且舒服的衣服就是其中一种途径。

|问题 34|

你有时间意识吗?

时间不停地流逝，但是却没有明确的界限。所以，我们这些人才感到困惑。或许你们会疑惑为什么我们很难权衡时间的间隔和速度，以及为什么总也把握不好时间。

对我们来说，把握时间的难度不亚于凭空想象一个自己从未去过的国家的难度。这可不像纸上谈兵那么简单。时针、分针可能会显示时间有所流逝，但是实际上我们根本感觉不到其流逝才是让我们紧张的地方。

因为我也患有自闭症，所以我对这些情况很了解，我自己也会感觉到这种紧张。请相信我，这种感受非常可怕。我们会惴惴不安，不知道未来我们会处在什么状况之中，以及我们会引发什么样的问题。毫不费力就能控制自己和自己身体的人根本就无法体会这种恐惧。

对我们来说，一秒可能有地老天荒之感，而一日则可如弹指瞬间。时间只能以视觉场景的方式存在于我们的记忆中。也正是这个原因，一秒和一日的区别不会很大。而我们则会一直一直担心下一刻会发生什么事情。

|问题 35|

为什么你的睡眠很不规律？

有不少自闭症人士很难在夜里入睡。当我还小的时候，我也有很多次到了深夜还睡不着觉。这好像不太正常，因为人不是夜猫子对吧？但是现在我就很少会碰到这个问题了。解决之道就是两个字——时间。睡不着的人在表面上看起来没什么问题，但是其实内心已经筋疲力尽了。

我也不知道睡眠失常的原因所在，所以当你们的自闭症孩子在该睡觉的时候不睡觉，即便是连续几天都这样的时候，请你们不要斥责他们。

无尽夏日

自闭症人士每天都会坐立不安，如坐针毡，甚至都有点儿可笑了。对我们来说，每一天都好像是充满躁动的炎炎夏日。大多数人如果手头上没什么事情的话，会特别放松，但是我们却经常会像个上学要迟到的小孩儿一样火烧火燎。我们就像是蝉，必须要快一点儿，再快一点儿，才能不错过夏天。我们歇斯底里地喊，我们撕心裂肺地叫，不愿意在与时间的对抗中停歇。

当秋天来临的时候，寒蝉凄切，生命戛然而止。而人还有很多的时间，但是对于我们这些患有自闭症的人来说，我们总是坐立不安，从日出到日落，恰如蝉一样，不停呐喊，不停呼号。

|问题 36|

为什么你喜欢转圈呢?

我们这些自闭儿经常喜欢一个人转圈。我们也因此喜欢把手上的东西转起来。你们能理解其中的乐趣所在吗?

日常的景色并不会旋转，所以能旋转变化的东西总是让我们十分着迷。仅仅是注视着旋转的物体就能让我们获得长久的喜悦——因为旋转规律而完美。无论我们旋转什么东西,都会有这种感觉。事物恒常不变,总会让我们心安。从中我们也会发现诸多美好之处。

| 问题 37 |

为什么你要在眼前翻动手掌和手指呢?

在眼前翻动手掌和手指可以遮挡一下光线，让光线进入眼睛的时候变得柔和，就像温柔的月光照在我们身上，不会很刺眼。而“未经遮挡的”光线会像针一样直接“刺入”我们的眼睛里，会让我们眼花，看到许多光点。这其实会伤害我们的眼睛。

话虽这么说，我们的生活还是不能缺少光亮。光亮会让我们停止哭泣，而当我们沐浴其中的时候，内心也十分喜悦。也许我们只是喜欢光线幻化成小颗粒，然后倾倒在我们身上的感觉，因为我们能从中得到安慰。不过我也承认，这件事情无法用逻辑来解释。

|问题 38|

为什么你会把玩具车和积木都摆成一排?

把东西摆成一排是最有意思的消遣。看自来水汩汩流着也是个很大的乐趣。其他的孩子可能会喜欢玩一些“过家家”的游戏，但是我从来不觉得那有什么意思。

我关心的——实际上，我非常痴迷的——就是事物的排列顺序，以及不同的排列方法。其实，我们喜欢的是七巧板一类物体的轮廓和表面，以及类似的东西。当我们玩这些东西的时候，我们会觉得头脑清醒了很多。

|问题39|

为什么你喜欢待在水里呢？

我们只是希望回到过去，回到久远的过去，甚至是回到人类存在以前的远古时代。我猜所有的自闭症人士都会有这种感觉吧。水生生物开始成形，历经演化，但是为什么之后它们要登上干燥的陆地，演变成在时间的枷锁下生存的人类呢？对我来说，这还真是个不解之谜。

在水里的时候，一切都是那么安静，我也会变得自由而快乐。在水里，不会有人烦扰我们，而我们也拥有了全世界的时间。不论我们是静静地待在水里，还是游来游去，当在水里的时候，我们终于可以把握时间的脉搏，感受时间的流逝了。不在水里的时候，我们的眼睛和耳朵会接收太多的刺激，而我们根本无法分辨出一秒钟和一小时各自的长度。

自闭症人士没有自由可言。原因在于我们生来就留着远古时代的感觉，与现在的人不同。我们飘忽在正常的时间流以外，无法表达自我，我们被时间洪流裹挟着磕磕碰碰度日。如果我们能够回到那个久远的、到处都是水的过去——那么我们就能和你们一样，生活得既满足又自由了！

|问题 40|

你喜欢电视上的广告吗？

这个问题很难回答，我不确定答案是什么。如果你们觉得只是因为广告词和广告标语朗朗上口，我们就喜欢电视广告的话，那我只能说这种想法很片面。我们能记得住广告词，甚至模仿广告，原因是电视上常常会重复播出熟悉的广告。确实，当熟悉的广告出现的时候，我们会奔到电视机前面去，把观看熟悉的电视广告当成乐趣。我不知道你们为什么对电视广告没有我们这么热衷，毕竟电视上一直都在播啊——这有点像老友来访，不是吗？

其实，我倒不是特别热衷电视广告，无论是其内容还是广告本身。但是当熟悉的广告播出的时候，我还是会相当兴奋，因为我已经知道了广告内容，而且知道广告时间不长，所以总能给我一种莫名的抚慰。在你们眼里，我们看到电视广告就欢天喜地，这一定是因为在其他时间里我们情绪没有那么平稳，而且面无表情，眼神空洞。或许我们在看广告的时候，你们所看到的我们才是转瞬即逝的“真正的自我”吧。

|问题 41|

你喜欢什么类型的电视节目？

即便我已经这么大了，我还是喜欢看那个专门给幼儿园儿童准备的电视节目——《跟妈妈一起看》。读到这里，你们可能会想："啊，这个人只不过是个大孩子而已嘛！"但是依我所见，事实并非如此。确实，我们可能表面看很像小孩子——喜欢一些毛茸茸、可爱又美丽的东西——但其实我们更喜欢那些简单而直接的故事，不是因为我们很孩子气，而是因为我们可以更容易猜出下一步会发生什么。这能让我们更放松，也更有参与感。而且，故事越简单，情节就越容易重复。当我们进入到一个熟悉的情境里面的时候，就会变得十分兴奋，高兴地忘乎所以。

自闭症人群能从这种重复中获得极大的乐趣。你要问我原因，我可能会这么回答："当你处于一个陌生的新环境的时候，如果碰上了一个友善而熟悉的面孔，是不是也会感到安心呢？”

而争吵、讨价还价或批评别人，会让我们感觉十分糟糕。在这种情况下，我们会觉得很无助。

我在某处听到的故事

很久很久以前，有一个女孩儿，穿着一双美丽的红鞋子，十分喜欢跳舞。了解她的人都在想：那女孩儿一定会一直跳舞，直到死亡将她带走。可能女孩儿自己也是这么想的吧。

一天晚上，当整个世界都在沉睡的时候，女孩儿开始跳舞了。

伸展，旋转，跳跃，
飞跃，落地，飞跃，落地，
咻——呼——咻——呼，
踏——啪——踏——啪。

女孩儿高兴得要飞起来。“能跳舞是多开心的事儿啊！”她想。于是她就这样跳了整整一周。然后她又想：“我能保持这种状态多久呢？”这个时候，她的脚都已经跳得快要失去知觉了，但是她仍然希望继续舞蹈，舞蹈，舞蹈。

到了第八天，一个年轻的帅小伙儿出现在她面前。他对她说：“能请你赏光跟我跳一支舞吗？”听到这句话，女孩儿停止了舞蹈。她说：“谢谢你的邀请，但是我不会跟你跳舞。我刚刚发现了一件比跳舞更宝贵的事。”之后，他们住进了一个小房子，从此便开心幸福地生活在了一起。

|问题 42|

为什么你要去背列车时刻表和日历呢？

因为很有意思啊！我们能从数字里得到许多乐趣。数字是固定不变的东西。比如数字 1 只能是 1，简单又清晰，不会让我们乱了头绪。

无论是谁，拿到同一份时刻表或日历，内容都是绝对没有变化的，可以按照一套相同的规则，很容易地理解全部的内容。如果是特别喜欢的事物，我们可以非常容易就记住了，就好像这些东西直接跳进我们的脑袋里一样。不过，对于那些无形的东西，例如人际关系和模棱两可的表达方式，对我们来说是很难理解的。

你可能会想，我写下这些句子也不需要很多努力，但其实这是完全错误的。我潜意识里总会担心，我看待事物的角度跟那些没有患自闭症的人是不是一样。所以，通过电视、书籍和聆听周围人的想法，我不断地学习到平常人在特定环境下应该会有的感觉。而每当我学到了新的东西，就会写一篇短故事，应对有疑问的情形。通过这种方式，如果幸运的话，以后就不会一下子想不起来了。

|问题 43|

你是不是不喜欢阅读和理解长句子?

不是的，我并不是不喜欢长句子。不论外界发生什么，我个人一直非常渴望学习不同的东西。人们并不理解自闭症人群对知识的渴望有多强烈，这其实让我有点儿失落。真正的问题并不是我不喜欢长句子，而是我无法保持长久的耐心，一会儿就会感到疲累，对句子的意思也会失去头绪。我可以阅读简单的图画书，这对我来说一点儿问题都没有。所以当我一个人待着的时候，我倾向于选择这样的书进行阅读，因为这种书便于理解，而且可以激发我的想象，也不会让我有倦怠感。

我好想自己快快长大，学习这大千世界的种种。其他的自闭症人士中，一定也有许许多多跟我一样的人，有同样的渴求、相同的态度。但是我们的问题在于，我们根本无法独自学习。为了能够像其他人那样学习，我们需要更多的时间，以及不同的策略和方法。而那些帮助我们学习的人，实际上需要有比我们更多的耐心。即便从外表看来我们可能对学习没有那么热心，但是他们需要理解我们对学习的渴望。我们也希望，慢慢成长。

|问题 44|

你对赛跑怎么看？

我不讨厌赛跑，但是当我意识到在赛跑中速度是第一位的时候，我就发现自己跑不快。如果我只是跟朋友跑着玩儿的话，我可以尽情地跑——就好像在跟风儿交朋友一样。有的时候，人们会告诉我我很擅长跑步，但其实并非如此。当有人在后面追我且快要追上我的时候，我会感觉既有趣又害怕。这会让我突然加速，飞奔起来而不被追到。

而一旦意识到自己需要加快速度奔跑的时候，我反而跑不好。这和神经系统没什么关系。我的问题是，当我想要加快速度的时候，脑袋里就会思考怎么摆动胳膊，怎么迈动双腿，然后整个身体反而会僵掉。我在赛跑中表现不佳，还有一个原因，那就是我并不会因为战胜其他人而得到乐趣。我也认同在赛跑中要尽力发挥自己的最佳状态，但是这与战胜其他人无关。所以在学校运动会这样的场合中，我能参与其中的乐趣远远超过其他方面给我带来的乐趣，这使我在赛跑中反而会不慌不忙，像在草地上蹦蹦跳跳一样优哉游哉。

|问题 45|

为什么你那么喜欢外出散步？

我猜很多自闭症人士都喜欢散步，不知道你们能不能猜出原因。“因为散步能让你们心情愉悦吗？”“因为在户外环境中感觉很棒吗？”这两个回答都是对的，但是对我来说，首要的原因是自闭症人群喜欢大自然里生机盎然的绿色。你可能要想：“就只是这个原因吗？”在我看来，我们对大自然的喜爱与其他人的略有不同。我猜让你们触动的是大自然里的花草树木之美，而对我们这些有特殊需要的人来说，大自然跟我们的生命一样重要。原因在于，当我们身处大自然中的时候，我们好似接收到了允许我们活在这个世界上的信号，我们的身体就充满能量。不论身边的人忽略或推开我们多少次，自然都会在我们内心给我们一个大大的温暖的拥抱。

自然的绿色，代表着各种植物的生命力和活力。绿色即生命。这就是我们喜欢出去散步的原因。

|问题 46|

你空闲时间过得开心吗?

你们在空闲时间都干些什么呢?对于自闭症人士来说，空闲时间其实是非空闲时间。“你们现在可以干些自己想干的事情了啊。”有的人可能会这么跟我们说。但是实际上，要找到我们想干的事情是很难的，不是说想什么就可以做什么的。如果我们恰巧看到一些喜欢玩的玩具或者喜欢看的书籍，我们肯定会拿起来玩或读。但是问题在于，我们想做的事情并不等于能做的事情。拿着熟悉的物件儿玩要能让我们安心，因为我们已经知道怎么玩了。因此，人们看到我们就会想：“啊哈，所以这就是他空闲时间喜欢做的事情。”其实，我真正想做的事情是埋头于某本高深的书籍，或就某个话题进行辩论，或者其他。

别人总是误解我们。所以，只要能让别人准确理解我们的意思，我们愿意付出任何代价。如果没有强烈地抑制自己的感情的话，我们恐怕会经常因为被误解而崩溃吧。所以，请你们理解我们的内心，以及我们正在经历的事情。

|问题 47|

你能不能举例说明一下自闭儿真正喜欢的东西?

有一件事情我们很喜欢，估计你们都猜不出来。那就是跟大自然做朋友。我们不擅长跟人打交道，因为我们会过多关注自己给别人留下了什么印象，或者我们应该怎样回应这个或那个话题，但是自然却一直在我们身边，温柔地将我们包裹。

只需要看着这自然万物，我就觉得自己慢慢陷入其中。在那一刻，我感觉到身体变成了一个点，一个在我出生很早之前就存在的点，一个慢慢融化在自然里的点。这种感觉真的很奇妙。我忘了自己是一个人，是一个需要别人特殊帮助的人。

当我生气时，大自然能宽慰我；当我开心时，大自然会与我一同欢笑。你可能觉得大自然不可能与人做朋友，其实不然。人类也是动物王国的一部分，也许我们这些患有自闭症的人恰恰保留了一部分这样的意识，埋藏在我们的内心深处。而对于自己身体里那个将大自然当成朋友的部分，我会一直珍视。

大佛像

当你去某地旅行的时候，是否曾经看到过某个人毫无因由就热泪盈眶呢？当然，事出必有因，只不过那个哭泣的人并不能告诉你真正的原因是什么。你可能觉得，那个人一定是喜极而泣，而这种事可不会发生在你自己身上。

反正我觉得这跟我的情况非常相似。有一天，当我去镰仓玩的时候，看到了当地的一尊大佛像。看到佛像，我内心异常感动，眼泪开始溢出眼眶。打动我的并不是佛像的庄严和高贵，而是人们经年累月在此留下的诵经、祈福、忏悔和这沉重的历史厚重感。我抑制不住地哭了出来，佛像就好像在对我说："人生来就是要受苦的，所以坚持既定的路，不要动摇。"

每个人的内心都会被特定的事物触动。哭泣也并不一定代表感伤或崩溃或抑郁。我希望你们能牢牢记住这一点。

|问题 48|

为什么你总是要突然跑开呢?

我的思维总是飘忽不定。其实我并不是想要突然跑开，而是当某个地点进入到我的视线中，我控制不住自己就会朝那里跑过去。我也很懊恼，因为我总是会因此而被批评。但是我也不知道怎么才能控制住自己不跑开。

我走来走去，并不是因为这样会让我冷静下来——其实一点效果都没有。这种感觉，就像是自己不知不觉间就从一个地方瞬间移动到了另一个地方一样。即便有人试图阻止我，或突然有东西挡住去路，我还是该怎么走就怎么走。在那一瞬间，我脑子好像会有些迷糊，对当下所作所为并不清楚。

那么我通过什么“宏伟计划”来解决这个问题呢？我

一直在跟冲动抗争，努力不跑走，而且跟以前的状况相比，我觉得自己确实能慢慢地越来越好地控制这个问题了。但是我仍然没有找到一个有效的解决之道。慢跑和散步会让我恢复体力，而一旦我恢复了体力，就觉得自己的内心好像又自在了起来。我的重力感也得到了恢复，这会让我镇静下来。

|问题 49|

为什么你经常会迷路呢?

我在前文已经提到了，当我看到有意思的事情的时候，就会立刻冲过去。不过我们经常迷路的原因却不同，我认为这是因为：我们并不十分清楚我们应该在哪儿。你们可以告诉我们应该跟着某一个人，或者牵着他们的手。但是现实情况是，无论有没有你们的指导，我们仍然会迷路。

简而言之，无论我们身处何地都不会感到踏实。因此，我们经常会走散——或者跑开——就是为了找到一个让自己安心的地方。而当我们开始寻找这样的地方的时候，心里并不知道要去哪儿或怎么去。我们被这种幻想吞噬了，只觉得要是不找到一个能让自己有归属感的地方，就会孑然一身，孤苦伶仃了。所以到最后我们就会迷路，必须被人看护着回到最初的地方，或找到之前跟我们在一起的那个人。

但是即使回到最初的地方，这种不安的感觉也并不会消散。我觉得我们永远也找不到自己的世外桃源，让我们安然度世。在我看来，这样的地方只存在于森林深处，或大洋底部。

|问题 50|

为什么你会从家里走丢呢？

当我还在上幼儿园的时候，有一次我从家里迷迷瞪瞪走出来，迷了路，最后被警察送回了家。其实那个时候我经常会离开家四处乱走，现在回头看，我能想出几个这样做的原因。我出去瞎晃悠不是因为有特定的目标，比如说呼吸新鲜空气，而是因为——其实这很难用文字表达出来——就是我的身体被外面世界里的某个东西吸引着，不自觉地走了出去。

即便我离家越来越远，我也不会感到害怕或者焦虑。归根结底就是因为：如果不出去的话，我就会觉得自己慢慢不复存在了。为什么这么说呢？我也说不明白，但是我必须一直走，不能停，不能走回头路，因为路途永远没有终点。道路会跟我们这些自闭症人士聊天，邀请我们一同上路。我知道这里面没有任何逻辑可言。在有人把我们领回家之前，我们也不知道自己做过什么，而且我们也一定会跟其他人一样对自己的行为大为震惊。

然而，有一天我差点儿被一辆汽车撞到，当时的恐惧给我留下了深刻的记忆。从那天开始我就不再出门乱晃悠了。所以说，如果有足够极端的事情发生的话，我觉得我们还是可以控制住这种乱跑的习惯的。但是与此同时，还是希望你们能留意我们一下……

|问题 51|

为什么你会不断地重复某个动作?

自闭症人士重复某个动作不单单是因为他们喜欢自己这么做。有些人看到我们这么做会被吓到，好像我们被鬼魂附身了一样。你们再怎么喜欢做某件事，按正常思路也不太可能像我们这样频繁，对吧？但是这种重复并非出于我们的意愿，更像是我们的大脑不断地发送出相同的指令。而当我们重复这个动作的时候，我们就会心情愉悦，备感慰藉。

从我们的角度来看，其实我十分嫉妒那些知道自己脑袋里想些什么，又能做出相应动作的人。我的大脑经常会指挥我做一些小任务——不论我想做与否。而如果我不照做的话，我就必须要与恐惧感做斗争。真的，就好像我站在悬崖边缘，要被推进某种地狱一样恐怖。对于自闭症人士来说，生存本身就是一场斗争。

|问题 52|

为什么告诉了你一万遍不要做某事，你还是去做呢？

无论你们跟我们说了多少遍，自闭症儿童还是会一遍遍做不该做的事情。我们能理解你们跟我们说的话，但是不知道为什么还是会故态复萌。我自己身上也会出现这种情况，而我也思考过这种重复是如何发生的。首先，我会做一些不被允许做的动作，然后就会引发一些后果而我也会受到斥责，但最后我重复这个动作的冲动仍会压过一切，即便我知道自己被告知不能这么做，接着我就又会再做一次。我所知的另外一点是，当重复做这些事情时，大脑似乎有某种嗡嗡的电流声，很是舒服。这是其他感觉所不能比拟的。或许最与之接近的就是在 DVD 播放机上用自动循环模式一遍遍看自己喜欢的场景时的那种感觉吧。

当然，我们仍然不应做自己不该做的事。单纯从思考的角度出发，怎么才能打破这种循环呢？这可是项大工程。我非常努力地解决这个问题，为此耗费了大量精力。时时刻刻控制住自己对我们来说的确非常非常困难。也正是在这种时候，我们需要你们的耐心以及爱心来帮助并指导我们。我们当然需要你们阻止我们去做不该做的事情，但是我们也希望你们能理解我们在这种时候所经历的苦痛。

|问题 53|

为什么你对某些事情那么着迷？

我们着迷于某些事情并不是因为我们喜欢这样，也不是因为我们想要这么做。自闭症人士对某些事情着迷，是因为我们如果不这样做的话就会疯掉。通过做某个动作，我们会感到一点点心安并冷静下来。但是当有人因为我这么做而斥责我，或不让我重复这个动作的时候，我就会觉得糟糕透了。实际上，我从一开始就没有想这么做，而这时我会因为无法控制自己的行为更加讨厌自己。当我们强迫症似的行为打扰到其他人的时候，请直接以任何方式让我们停下来。其实，最受煎熬的是那个给别人带来烦恼的人——也就是自闭症人士自己。虽然表面上看起来我们好像在嬉闹，而且玩得不亦乐乎，但其实我们内心却在抽搐疼痛，因为我们甚至连自己的身体都控制不了。

即便我们强迫症似的动作没有影响到其他人，我也希望你们能看住我们。这种状态不会持续很久。因为尽管之前我们要努力控制自己才能不去做这些动作，但是某一天，这些动作会突然没有任何预警地就消失了，连我们自己都觉得奇怪，就好像大脑里闪过一个“游戏结束”的信号。这就像你在狼吞虎咽完一大包甜食后如释重负的感觉，好像对某物的执念已经全部耗尽。当这种信号出现的时候，我会觉得一身轻松，就好像终于可以把昨夜的噩梦抛诸脑后一样，松了一口气。

问题在于，当自闭症人士的强迫症行为影响到其他人的时候，应该怎么帮助他们呢？对那些正在帮助我们的人，我想说：在面对并处理我们这些行为问题的时候，请一定要坚信，在未来的某一刻这一切都会过去。当别人不让我们做自己想做的事情时，我们很可能会怪声怪调，但是慢慢地我们就会适应。直至那时到来，希望你们不要放弃努力，也不要放弃我们。

黑乌鸦和白鸽子

很久很久以前，有一只黑乌鸦。它很喜欢一首叫作《七只小乌鸦》的歌，歌的开头是这么唱的：乌鸦，乌鸦，乌鸦，为什么你要嘶叫？通常故事里的乌鸦都是众人讨厌的坏蛋和恶霸，但是在这首歌里却不是这样的。这其实让黑乌鸦很苦恼，它会经常自问：为什么乌鸦一直都要扮演坏人的角色呢？

有一天，黑乌鸦碰到了一只迷路的白鸽子。白鸽子问："这条路通向哪里呢？"它盯着脚下的路，神情十分落寞。

黑乌鸦不知道发生了什么，就问道："出了什么事吗？"

白鸽子快要哭了出来，噙着泪说："我一直在寻找通往幸福的大道，找了很久很久，却一直找不到。而我还身负传递和平的重任……"

听到美丽而又受欢迎的白鸽子也有自己担心的问题，黑乌鸦很吃惊，它回答道："所有道路皆相通啊。"

听到这个回答，白鸽子怔住了。过了一会儿，它微笑着说："原来如此。我已经踏上的这条路就是我一直苦苦追寻的那条路啊。"白鸽子情绪又高涨起来，重新飞入蓝天的怀抱。黑乌鸦也抬起头，努力地扑扇着翅膀，飞走了。在蓝天的映衬下，黑乌鸦看起来和白鸽子一样完美。

|问题 54|

为什么你需要一些提示和提醒呢？

有的时候，我们在没有口头提醒的情况下，无法进行下一步动作。举个例子，即便我们点了一杯果汁，果汁也放到我们面前了，但如果没有人说“品尝一下”或“快点喝吧”，我们就会无动于衷。又或者即便某个自闭症人士声称“好了，我要把洗完的衣服晾起来了”，除非有人回应说“嗯，很好”，他还是不会动手晾衣服。

我也不太清楚为什么自闭症人士需要这些提示，但是我知道我也会有这种情况。既然我们已经知道了下一步要干什么，按道理说我们应该不需要提醒就去做，对吧？是的，我也是这么想的！但事实是，在没有提示的情况下去做这些动作是非常非常困难的。就好像绿灯不亮，你们不会过马路一样，我的大脑没有接收到正确的提醒，也无法

“开启按钮”，做下一步动作。而不遵守“提醒准则”就去进行下一步行动是非常可怕的，足以使我条理混乱。

而一旦我们度过了这个可怕的阶段，我们就可以一点点地适应，直到没有提醒地做事情也是可能的。要达到这个状态不是我们可以独立完成的——从每次我们引起的各种混乱情况你们也能略知一二。我们会哭，会叫，会乱打乱闹，乱砸东西。但是，我们仍然不想让你们放弃我们。所以，请你们继续跟我们并肩作战，其实，这些当众吵闹的场景对我们伤害最深，我们也急切地希望能够摆脱这些藩篱。

|问题 55|

为什么你总是动来动去？

我的身体会一直动来动去，无法保持静止。当我不动的时候，就会觉得灵魂慢慢从身体里抽离，这让我惴惴不安，心神不宁，不能待在原地。我会一直四处张望，寻找出口。虽然我一直希望去到别处，却一直未曾找到通往别处之路。我一直在自我挣扎，如果待着不动的话，就会加深我被困在原地的想法，而只要我不断活动，就可以放松一点。

当我们动来动去的时候，每个人都会说："冷静下来，不要烦躁，别乱动。"但其实我动来动去的时候会感到十分放松，所以理解其他人的"冷静下来"是什么意思确实花了我一些时间。最后，我慢慢明白了在什么场合我不该乱动，而我们唯一能做的，就是一步一步、一点一点地勤加练习。

|问题 56|

你需要列出计划表吗？

我知道任何的计划都只是一个计划，没有办法做到绝对精确，但是如果已经列出计划，却没有按计划进行，就会让我接受不了。我知道变化是不可避免的，但是我的大脑会大吼大叫：“不行！不可接受！”所以就我个人而言，我并不喜欢周围有看得到的计划表。看到我们要去的地点和时间以图片和表格形式列出来的时候，我们可能会看起来开心一些，但实际上最终会被其限制。这些计划表会让我们感觉像是机器人，每一个行动都是预先设定好的。我的建议是，你们不必把这些计划表给我们看，而是事先跟我们从头到尾把计划讲一遍就行了。看得见的计划表会给我们留下太深刻的印象，以至于一旦有任何变化，我们就会惴惴不安，提心吊胆。

我觉得重点并不在于新的改变会不会体现在计划表上。我想要让大家理解的是：请不要在计划表上使用可视化的东西，例如图片，因为这样的话，计划表内的活动、起止时间和耗时等都会牢牢地印在我们的脑海中。每当这样的时候，我们就会一个劲儿地担心，我们现在做的事情是否跟计划表上列举的内容相符。就我而言，我会一直核对时间，而无法享受正在做的事情了。

常人经常会认为我们这个群体的人单凭听力是不能理解当天计划的。但也请尝试一下，尽管我们可能会一遍遍问你们相同的问题，但是我们会慢慢理解，询问你们的次数也会越来越少。这需要时间，不过从长远来看，这会越来越容易。当然，要解释做一些事情的先后顺序，或指导我们怎么做某件事，借助视觉辅助，例如图片，可以在很大程度上帮助我们。但是在其他情况中，例如在即将到来的春游里，展示给我们要去参观的地方的照片，反而会坏了我们的兴致。

|问题 57|

什么事情会让你惊慌失措、精神崩溃呢？

我不知道你们是否能理解。很多事情都可能会让我们惊慌失措，即使你设置了一个完美的场景，把一般人会碰到的一般性诱因都剔除掉，我们还是会不定期地感到恐慌。

你们对我们有许多误解，其中之一就是认为我们的感觉没有你们那样细腻而复杂。在你们眼中，我们的行为太幼稚，所以你们就倾向于假设我们心理也很幼稚。但其实我们也会经历和你们一样的情感。因为我们没法很好地表达自己，所以我们实际上会比你们更加敏感。我们的情感无法正常表达，肢体又不听大脑指挥，生存本身就是一种挑战。而正是这种无助感让我们几近要发疯，进而感到恐慌和精神崩溃。

当出现这种情况的时候，请让我们尽情地哭闹，发泄出来。待在我们身边，温柔地看着我们。如果我们深陷痛苦而不能自拔，请阻止我们，不要让我们伤害自己或他人。

|问题 58|

你对自闭症本身怎么看?

我认为自闭症人群是存在于人类文明体制之外的一群人。这是我个人编造的理论，我认为，由于全世界的杀戮和人类社会自私的破坏环境的行为，已经为深刻的危机埋下了种子。

自闭症从某种程度上就是来源于此。尽管自闭症人士跟其他人在生理层面上很相似，但是实际上在很多方面都不一样。我们更像是从遥远的过去而来的旅行者。如果我们的存在可以帮助世上的人们记起什么是对我们所生活的地球真正重要的，那么我们也会从中获得平和喜乐。

我在这里
（直树创作的寓言故事）

“我写这个故事，就是希望能够帮助你们理解无法向自己深爱的人表达自己有多么痛苦。如果这个故事能够跟你的内心相通，那么我相信你就能与自闭症人士的内心联通，走进我们的内心世界。”

顺子以前觉得很了解自己，但是从那一天起，他再也无法确定了。“每个人都盯着我的脸。”他心想。傍晚的天空布满橙色的云彩，云彩镶嵌着灰白色的边，给人一种不祥的预感。“为什么他们都盯着我看呢？”当顺子从当地的超市里出来的时候，一个老人走了过来，问道：“你在这里干什么？”顺子以前从来没有见过这个人。他戴着一顶红色鸭舌帽，帽檐压得低低的，看不清他的眼睛。时值冬日，他却穿一件白色 T 恤和一条黑色五分短裤。“不要跟陌生人说话。”顺子默默地跟自己说，然后撒腿就往家里跑。也就是在那个时候，顺子注意到——“每个人都在盯着我的脸。”他最开始觉得人们是在担心他，但不是的，担心不该是这种表情……应该怎么描述呢？不是吃惊的神情，不是打量的表情……更像是一种冷漠的、让人不寒而栗的注视。不管三七二十一，顺子急匆匆地跑回了家。

“我回来了！”

顺子安然无恙地回到家，终于松了口气。妈妈跟平常一样，正在忙着准备晚餐。顺子打开冰箱，一边取出一盒果汁，一边对妈妈说："嘿，妈妈，今天我……"顺子突然停住了。妈妈站在那里，腰上系着围裙，手里拿着平底锅，头发和衣服还跟顺子稍早离家时一模一样。但是，顺子像被钉住一样，动不了了。又是那种让人冷到骨子里的注视。所有的事物似乎都以慢镜头的方式在他周围旋转。"快点走，快点，现在，走啊！"顺子只有这一个想法，抑或是有人在命令他？顺子用尽全力才让僵住的身体动起来。他几乎是号叫着跑到外面。

顺子发现自己到了一个公园，却不记得自己是怎么来到这里的。虽然天气很冷，但是他浑身冒汗，筋疲力尽。"到底怎么了？"为了搞清楚状况，顺子决定回想一下这一天的经历："早上起床，去学校，回到家。这么看挺正常的啊。但是在那之后……在那之后……"他的脑子一片空白。"我接下来到底做什么了？"顺子坐在长凳上，眼神空空，冬日的寒风在他身边猛烈地吹着。他努力回想着，但是那段记忆却像是甜甜圈里面的空心，无从寻找。他甚至都哭不出来。人啊真是很奇怪，在这种绝望的时候，还能保持头脑清醒。太阳一点一点地下山了。“我不能坐以待毙，”顺子这么想着，但是同时又感觉，“该来的总会来。”已经过了多久了？顺子注意到天色已经黑下来了，便努力起身。

顺子漫无目的地走着，并不知道要走去哪里。周围空无一人，大概大家都待在家里吧。虽然他很孤独，但却并不想看到任何人，甚至是自己的朋友。“不知道他们现在在家里有没有担心我？”不知不觉间，顺子走回了家。

家里看上去一片漆黑。那天顺子的爸爸本应该早下班的，所以顺子很好奇父母都去哪里了。不过他也松了一口气。“他们一定是出去找我了。”他这么想着，心里有些安慰。“之前大家也没有找我麻烦，只不过是看我的眼神奇怪点儿罢了，仅此而已。”顺子的心情大好，便决定在家门口等着爸爸妈妈回来。冬夜的天空十分美丽，星星闪烁的光辉让他焦躁的心得到一些安抚。

他听到脚步声越来越近。“一定是妈妈和爸爸。”顺子高兴地朝他们跑过去。“很抱歉，让你们担心了，我只是……”但是他们好像不太正常。“可能他们在夜色里没认出我来？”所以顺子就抓住了妈妈的胳膊……

他觉得自己抓住了，但是扑了个空。“什么？这不是真的！”顺子对现状完全没了头绪，只是站在那里，萎靡不振，而他的父母却从他面前径直走了过去。顺子唯一能做的就是跟自己重复：“这不是真的，不是真的。”他蜷缩着蹲在地上，抱着双膝。“我怎么了？发生什么了？救救我，救我……”

“啊，你在这儿啊。”顺子听到了一个声音，抬头看见了之前在超市外面碰见的那个老头。他满脸慈祥地低头看着顺子。“没事儿的，没事儿。我们一起回去吧。”老头握住了顺子的手。

顺子直直地看着老头。

老头温柔地对顺子说：“你已经不属于这个世界了。”

但是顺子并不明白他的意思。

“顺子，”老头说，“你没注意到你去世的那一瞬间。在你去超市的路上，你被一辆闯红灯的汽车给撞了。”

顺子的脑海中慢慢浮现出那段场景。“是啊，我本来是想躲避那辆车的，但是我却突然被冻住似的，无法动弹，然后我就被撞了，我想起来了，”这个场景一定很混乱吧，“接着我醒了过来，站在了超市外面……”顺子的眼睛里泛出了泪花。“所以我死了吗？我死了？我哭得都停不下来了……我不想要死！不！不！不！不！”

顺子放声大哭，眼泪就像决堤的洪水，停不下来。

时间过了多久呢？毕竟，没人能哭一辈子。慢慢地，顺子的眼泪哭干了，而意识里仍然一片空白。老头说话了：“好了，要不要现在回去呢？”

回去？回哪儿去？“但是我的家就在……这儿啊。”顺子从窗口处迅速地看了一眼，看到了卧室里面的情景……妈妈和爸爸的眼睛都要哭瞎了。

顺子的眼睛又湿润了。

“我现在该怎么办呢？”

老头给顺子打了个手势，然后大步流星地走在前面，而顺子好像被一股无形的线牵引着一样跟在后面。老头阔步一直往西走。“前面等待我的是什么呢？”尽管顺子已经死了，但是他仍然被死亡的恐惧感紧紧包围着。他的声音甚至有些颤抖：“我们要去哪儿？”

老头把胳膊搭在顺子的肩膀上，解释道：“当然是去天堂啦。”

“哦，我以前……还没去过天堂呢。”

老头大声地笑了出来：“肯定啊。”

通往天堂之路。“是啊，很久很久以前，我在一本书里读到过……那是一条美丽的白色大道，四周全是闻所未闻见所未见的美丽花朵。大道蜿蜒向上，直达天堂。”想到这些，顺子紧紧跟上了老头的脚步。大概过了半个小时，顺子开始怀疑，通往天堂之路会不会如眼前这条路一样平白无奇、枯燥乏味？更重要的是，他并没有感觉到自己已经死去了。虽然之前一切看起来绝望又令人沮丧，但是现在顺子感觉到原先的自己又回来了。“先生，打扰一下，我们是不是很快就会到天堂了？我现在觉得累得很，头重脚轻快要死了。”

老头扑哧一下笑了出来。

顺子也跟着扑哧一下笑了。

“谁能猜到呢？”顺子心里想。“无论何时何地，即便已经死了，一个人也还是能苦中作乐的。”想通了这一点以后，顺子觉得自己心情明朗了许多。

“嗯，你终于笑了。”老头说，“那么通往天堂之路就始于现在了。”他轻轻地抬起双手，伸向天空，似乎口中念念有词。但是顺子并没有听清楚他到底在说什么。

“现在仔细想想，之前有人告诉我，我们死后会变成星星。我猜应该是妈妈跟我讲的，她总是支持着我。爸爸也陪伴了我很多……以后我们再也不能相互投球玩了……”顺子抬头望着夜空，轻轻叹了一口气。

“你觉得怎么样呢？”老头说，“是不是该走了？”

恐惧感又爬上了顺子的心头。“我要死了吗？不不，我已经死了。但是我会碰上什么事呢？要是妈妈……”顺子全身都颤抖起来。

老头注意到了，他给了顺子一个关爱的拥抱。“没有什么好担心的，你只是离开一会儿。”

“只离开一会儿？”顺子疑惑了。“我会变成什么样子呢？”慢慢地，顺子眼前的一切都变得模糊起来，他跌倒在地。

顺子像坠入了深沉却无梦的睡眠中，但似乎还有意识。“人们为什么要死呢？我还有那么多想做的事情呢。”之后，顺子有些害怕地睁开了眼睛，想要搞清楚周围的情况。一个身穿白色长袍的老人站在他面前。顺子恍然大悟，这一定就是上帝了。实际上，这个上帝只是顺子在艺术博物馆看到的某个上帝形象的映照。“哇哦，天啊，我得规矩点，不能出岔子。”为了表示尊敬，顺子想起身，所以跳了起来。“咦？我的双脚不见了！所以说鬼魂真的是没有脚地飘来飘去啊。”但是顺子突然意识到一件事，差点让自己心脏病发：“真的不见了！完全不见了！我的身子也没了！”

事情比预想的要严重得多，顺子脑子轰的一下，忘了自己在上帝面前，整个人都要崩溃了。

“嗨嗨嗨，没必要这样。”上帝突然说话了。顺子只觉得那声音似乎有一点熟悉，好像很久之前听到过。“你现在已经死了，也不需要你的身体了，对吧？以前束缚你、扯你后腿的东西，全都消失不见了。”

“哦，也对，是啊……我死了。”顺子现在没了身体，能量也在不断地流失。“求您了，告诉我会有什么事发生在我身上啊？”

“什么都不会发生在你身上，因为——你看看你周围——你已经进天堂了。”

“这个地方是什么样子的呢？”顺子打量起周围。黑暗处要比深夜里的黑还要浓重，但是黑暗处有星光闪烁，点点星辉。“以前我住的地方从来没有看到过这么多的星星……哇哦，星河浩渺，真的是数也数不清啊。”顺子被眼前的美景惊呆了，目不转睛地一动不动，甚至忘了自己对死亡的恐惧。

“现在你可以做自己想做的任何事了，”上帝说，“我敢说你肯定还很依恋你的前世，并且还有许多未了之事。但是慢慢地你就会理解事情的发展了。”说完这句话，上帝的轮廓开始晃动，然后像溶解在迷雾中一样消失了。

他能这么说真是太好了。“做你想做的任何事。”顺子想着，有些茫然。他低下头，看到了地球，在黑暗中发出蓝色的美丽的光芒。“所以说我现在站的地方就是太空了。但是我现在要干什么呢？我连个身子都没有，要怎么活？而且还是孤身一人。我第一个要搞清楚的事就是死后要怎么活。”然而顺子现在千头万绪，脑子乱成了一团麻。

过了一会儿，顺子仍然待在原地。“这个天堂和我以前想象的完全不同啊。我以前觉得天堂里到处都是各种好吃的和好玩儿的，不会让人觉得痛苦和无聊。”顺子大喊一声：“嘿！到底发生什么事了？请把我带回家吧，现在！”他刚说完这句话，就觉得自己的身子以从未有过的速度移动起来。

“我在哪儿？等等，对了，这是我的家。”“妈妈？”顺子急急忙忙跑遍了各个房间，寻找妈妈的踪影。他发现妈妈正坐在卧室旁边的房间里，心脏“嘭嘭”狂跳。“妈妈？”他在她身后轻柔地喊了一声。

但是她并没有转身。

“我已经真真切切死掉了，对吧？”

顺子最后的希望也破灭了。

他灰心丧气地走了一圈，然后站到了妈妈面前，这样最起码能看到她的脸。她穿着黑色衣服，看上去那么悲伤和失落。顺子在心里跟母亲道歉道：“妈妈，真的真的对不起您……”

在顺子和他妈妈中间，一股轻风吹过，她的手碰到了他的“身体”。当然，她并不能看见他的身体。而顺子也感觉到了以前很小的时候，妈妈抱着自己时的那种温暖。

顺子的爸爸从卧室走了进来。“嗨，你在干什么？”

“有的时候，我觉得顺子就在我身边。”顺子的妈妈悲伤地说。

“顺子一直没有离开，一直没有。”

顺子有点儿不敢相信眼下的状况。“我已经死了，但是我的感觉却一如从前。我想要帮助妈妈和爸爸，但是却又束手无策。”顺子闭上眼睛，与此同时，他以惊人的速度飞走了。

顺子回到了那个叫作天堂的地方。整个宇宙都沉寂无比，更显得他一个人孤单无助。顺子思绪万千，他对自身现状十分迷茫。从前，他从来没有想到过他在死后会这么孤独。“真希望这里能有个人陪我说说话。”之后他听到一个声音。“什么声音？”顺子仔细地听着。是一个男孩儿的声音。顺子大着胆子喊了一声：“是谁在那里啊？”

“你一定是新来的对吧？你好，我叫和夫。”

顺子一下子高兴起来。“太棒了！我还以为除了我没别人了呢。”

“你现在还分辨不出来罢了。其实这里的人和星星一样多。”和夫俏皮地说，“要是你愿意的话，可以跟我们聊天——任何一个人都可以——无论何时何地。这个世界没有所谓的时间和空间，所以在这里会有完全的自由。你知道吗，我在天堂已经住了 80 年了。”

“但我不知道在这儿做什么啊。”顺子说，“你们都说我们有完全的自由，但是其实……这里什么都没有啊。”

和夫大笑了起来。“你应该做一些自己还在人世的时候做不了的事啊。”说完这句话，他就飘去其他地方了。

“所以我应该做一些自己死后才能做的事……”一想到这里，顺子周围亮起了无数盏灯，像是一条闪耀的毯子一样将其包围，让他心生安慰。他的身子摇动起来，像是在摇篮中一样，将之前所有的紧张与不安都带走了。这么多天来，顺子第一次安稳地进入了梦乡。

顺子现在已经慢慢习惯天堂的生活了，而且就像和夫说的那样，他在天堂也交了很多朋友。每个人都很和善，大家也没有语言、种族或时代上的隔阂，平和地生活在一起，让人很难相信在世时，他们曾经与人有过争吵或嫌隙。顺子从来没有想过，一无所有也可以这么幸福满满。而且，现在他也做了许多生前做不了的事情。他游览了地球上的每个角落，同天堂上的许多人都进行了交谈。一切都是这么新鲜，令人兴奋。

有的时候，顺子也会回到原先的家。虽然无法跟家人直接交流让他很难过，但是看到他们的脸，听到他们谈论起自己就已经很开心了。这也足以让顺子有勇气继续现在的生活。

有一天，当顺子和往常一样回家探望的时候，觉得妈妈看上去神情有些异样。她变得身形消瘦，表情憔悴痛苦，盯着儿子的照片，默默地流着眼泪。“顺子，没有你，我觉得我也活不下去了。妈妈想去找你啊。”说完她就趴在桌子上哭泣起来。

顺子看到这一幕也很震惊，不知不觉也哭了起来。“我以为他们已经从我的死亡中恢复过来了。我以为一切都慢慢变好了。”“别哭了，妈妈，妈妈，求你了。别哭了。”顺子像以前一样轻轻地抱着她的肩膀。“她看不到我，都不知道我在这里陪着她。”顺子的妈妈一直哭到天黑，而顺子也一直陪在她的身边。

回到天堂后，顺子每天都会想起自己的父母。“我一直觉得，过一段时间，爸爸和妈妈就会回归正常。但是看起来好像他们会痛苦一辈子。虽然我可以陪着他们，却无法帮助他们。”顺子陷入了绝望之中。“好吧，也只有一个解决方法了。我应该祈求上帝的帮助了。”顺子大声地喊了起来：“上帝啊，您在吗？我希望您能帮我！”

迷雾之中，突然开始有闪光。上帝出现了。“是你叫我吧？”

“我的爸爸妈妈还在为我的死伤心，但是我又帮不上他们，这实在是……太痛苦了。”

上帝一边听，一边点头。“我知道你的感受。但是问题在于，这就是生活啊，对吧？等时辰到了，你的爸爸妈妈就会与你在这相见了。”

顺子虽然明白上帝的意思，但是仍然十分痛苦。“让我的父母来承受这些实在太过分了。而且知道他们正在经历的痛苦，我也很难开心地在天堂里生活！”顺子情绪崩溃，几乎是喊了出来。

“嗯……这有点难办。天堂应该是最快乐的地方啊……”上帝陷入了深思。“不过，我也不是说没有办法帮到你的父母。”然后他说了一件事，让顺子大吃一惊。“也就是，你要再转世投胎，再去做你爸爸妈妈的孩子。”

听到这句话，顺子高兴地跳了起来。“真的吗？您真的能做到吗？”他的声音里充满了兴奋，心跳也不由得加快了。“如果真的能成功的话，我现在就想回到他们身边。”

顺子心想。

上帝似乎读懂了顺子的内心，继续说："不过，有一个小问题。"上帝盯着顺子的眼睛说道："一旦你降生，你就不再是顺子了。你所有的记忆，所有关于顺子的记忆，都会消失。"

"所以说我就不复存在了吗？"顺子的希望有些幻灭。"我在这个世界上的痕迹将被永远抹除。"现在顺子有点理解为什么和夫和其他朋友要在天堂待这么久了。"所以我应该怎么做呢？"顺子有些动摇了。"如果我不能做自己的话，重生又有什么意义呢？"

顺子从天堂上凝视着下面的蓝色地球，陷入了沉思。

整整一个月过去了，顺子仍然没有下定决心。在这期间，他也没有回过家，一次也没有。顺子在天堂里的生活过得很惬意。他不停安慰自己以后还有机会可以再去看望爸爸妈妈，而且他也慢慢相信，时间是最好的解药。

时光飞逝，距离顺子去世已经过去一年了。

在他去世一年后的第一个周日，顺子终于又回到了原来的家。但是，妈妈没在屋里。他正好奇她是不是出去购物的时候，电话铃声响了。顺子的爸爸过来接电话。“啊！知道了，”他说，“我这就过去。”

爸爸的声音嘶哑而空洞，放下电话，他就冲出家门。顺子预感到有不好的事情发生，便紧紧跟在后面……他们到了医院。爸爸的神情十分糟糕。“妈妈住院了吗？”顺子进入她的病房，大吃一惊：“这还是我的妈妈吗？”

顺子的妈妈躺在医院的病床上，面容枯槁，脸色灰白，顺子都快认不出来了。而爸爸看上去也筋疲力尽。

“不可能！妈妈怎么会变成这样呢？”

顺子感觉自己像被掏空一般发不出声音。“以前我们一起生活的时候，妈妈是多么开心，多么灿烂啊。”而现在这一切，太让人震惊了。

医生检查完后非常严肃地说：“根据当前的情况，我们无法保证病人能够撑过去。”

医生还在继续解释病情的时候，顺子就冲到妈妈面前，大声喊道：“妈妈，你一定不能死！不要死！求你了！求你了！求你……别死！”但是她根本听不到他的声音。“不行，不能这样。即便我们在天堂相遇了，这也不是我以前深爱的妈妈的样子啊！”

顺子的妈妈听不到他的声音，只是不断地絮叨着：“我要见顺子……顺子……顺子……”顺子再也无法忍受这种痛苦了，就好像自己被扼住了喉咙，不能喘气。“我以前觉得只要我们心意相通，即便分开了也无所谓。但是现在您已经失去了生活的意志和精神，是吗，妈妈？”他的心好像被攥住了一样，闷闷地疼，“是我给妈妈带来了这么多的痛苦，所以也应该由我来帮助她结束这一切。如果我不这样做的话，她会因为心碎而死的。”

顺子下定了决心。

“未来是要靠我们一砖一瓦建造的。”

他鼓起所有的勇气，平静地说：“求您了，上帝，我希望您能让我回到母亲身边。”

空气中出现了许多颜色的魔法球，每个魔法球里面都有一个小金球。然后这些魔法球在他眼前一个个地破了……

咣……

咣……

咣……

顺子记得自己很久以前曾经听过这个钟鸣声。

顺子的妈妈终于从睡梦中醒来。

顺子的爸爸十分紧张：“你有什么感觉？”

她没有回答。

“听着，如果你觉得不舒服的话，我就去叫医生。”

但是他刚要起身去找医生的时候，顺子的妈妈开口说道："顺子来看我了……在我的梦里。"

爸爸握住她的手，温柔地说："亲爱的，那太好了。"

她满含热泪地继续说："顺子告诉我说，'妈妈我会一直待在这里的，所以你别再哭了，好不好？'他看上去很不开心，因为，因为我现在的这种状况。我需要重新振作起来，然后，然后……重新开始。"

顺子的爸爸点点头："是啊，顺子会一直在天上看着我们的。我们……重新开始吧。一切重新来过。"

窗外，初雪静静地飘落下来。这些雪花是顺子眼泪的结晶，也是上帝对一个叫顺子的男孩儿曾经活在这个世界上的证明。

"看啊，"顺子的妈妈惊喜地说，"下雪了，好美啊。"

“是初雪，”顺子的爸爸平静地说，“他一直很喜欢下雪，对吧？”

光阴荏苒，五年过去了。就像上帝承诺的那样，在顺子做出决定后的第二年，顺子的家里就添了新丁，是个女孩儿，取名叫美希，即“美好希望”之意。开春后，美希就要上幼儿园了。

“美希，等一下！”妈妈在后面叫着，“等一下我！”

“妈妈，我就在你前面一点儿。”美希边跑边回过头跟妈妈说。“妈妈走得好慢啊。我一到超市，第一件事就是买点巧克力。”美希想着。她没有看路，撞上了一个人。“哦，十分抱歉。”美希连忙道歉。

“你还好吧？”戴红帽子的老头说，“嘿，你不就是那个……”

“您认识我吗？”美希好奇地问道，“您是谁啊？”

老头蹲下来说：“你已经回来了吗？你信不信，我这个老头是天使啊。”

美希想了想，觉得有些奇怪：天使不是应该有翅膀，住在天堂里吗？“哦，我才不信您是天使呢。”她瞪着又大又圆的眼睛看着老头，一板一眼地说。

老头的脸上浮现出一丝笑容。“那好吧。你现在生活得满意吗？”

“‘生活得满意’是什么意思？”美希认真地想着，“妈妈和爸爸经常会说：‘我们现在生活得很满意。’哦，那我一定也生活得很满意。”美希朝老头笑笑说：“当然满意啦！”

最后，美希的妈妈上气不接下气地赶了上来：“你在干什么啊？”

“跟他讲话。”美希回过头跟妈妈解释，但是再回头的时候，已经空无一人。“咦，他去哪儿了？”美希环顾四周。“刚刚有个很有意思的老爷爷……他说自己是天使。”

美希妈妈有点严肃地说：“不是跟你说了不准和陌生人说话吗？”

“原来那个老爷爷是陌生人啊。”美希的心里突然感觉到一种莫名的高兴。“现在这种感觉是什么呢？”

“好啦好啦，”妈妈说道，“我们快点去买东西吧，好吗？”

哦，对了，巧克力。“妈妈，您能不能给我买点巧克力啊？一块给我，一块给哥哥。所以要买两块。”

“好的好的。但你肯定会一口气就把两块都吃完了。”

“那是因为他说了我能把他那一份儿也吃了。”

“多亏你有个好哥哥。”

在他们从超市回家的路上，美希的妈妈想起了顺子：“未来的某一天，我会再见到顺子的。那一天到来前，我都会好好活着，好好活着。”

美希又开始在前面跑开了。“妈妈，我们去看哥哥以前喜欢的那些樱花树好不好？”“我哥哥以前喜欢的东西也是我喜欢的东西。”看着盛开的樱花，美希开始想象顺子会是什么样子。